좋은 춤 추기

지음

KB161710

하나의 생명을
낳기 위해 오랜 시간
침묵과 기다림,
소망을 갖고 10개월을
견디듯,

지난 시간을 돌이켜 볼 때,
이렇게 열심을
다 했구나 하는
감회 또한 깊다.

좋은 춤 추기

초판 인쇄 2021년 5월 10일
초판 발행 2021년 5월 15일

지은이　　박순자
펴낸이　　진수진
펴낸곳　　청풍출판사
주소　　　경기도 고양시 일산서구 덕이로 276번길 26-18
출판등록　2019년 10월 10일 제2019-000159호
전화　　　031-911-3416
팩스　　　031-911-3417
전자우편　meko7@paran.com

차례

들어가는 말

2판을 내면서

2001년도에 20대 중반이후 50대에 이르기 까지 나의 무용에 좋은 영향력을 끼쳤던 몇 편의 소논문을 엮어서 책을 출판하였었다.

한 무용작품을 출산하기까지 많은 관심, 탐색, 고민, 정리, 체계화 등의 기나긴 과정을 거쳤었다.

연습하면서 시야와 뇌에, 가슴에 와 닿는 느낌, 고민 등…

그것은 무용이 무용다워져야 하며, 자신에게 주어진 길에 대한 책임 감 등으로 승화되어 제자리에 안주하거나, 습관적인 상처에 머무는 등, 생각과 고민이 결여된 무감각적인 현상을 낳고 있어서는 안 된다는 사 명과 열정의 연속이었다. 쉼 없이 땀을 흘리고 몰두하는 무아지경이었 다.

마치 무용에 미친 사람처럼…

그러나 진정한 인간의 행위에는 인간만의 독특한 정신, 즉 영혼의 울 림이 핵심이라는 것을 깨닫게 되면서 절제하고 자숙하며 겸손해야지 하는…

그러면서 나를 지으시고 인체를 지으신 그리고 오묘한 생체기관의 변화와 역동성, 생명성과 지각, 지식, 지혜, 감정 등으로 점철되어 있는 것을 만드신 완전한 창작자 하나님을 만났다.

본서는 1판의 내용과 같으나 더욱 온전함으로 가기위해서 거치지 않으면 안 되는 무용창작의 동기, 과정, 현상의 결과를 담은 글이기에 귀하다.

하나의 생명을 낳기 위해 오랜 시간 침묵과 기다림, 소망을 갖고 10개월을 견디듯, 지난 시간을 돌이켜 볼 때, 이렇게 열심을 다 했구나 하는 감회 또한 깊다.

누군가가 매일매일, 나날이… 반복되어지며 형성되어지지 않은 것은 성공의 결정체를 이룰 수 없다고 하였다.

반복 속에서 얻어진 좋은 생각과 정립이 여러분들에게 좋은 동기부여가 되었으면 좋겠다고 생각하며 함께 나누었으면 하는 바람으로 2판을 내게 되었음을 기쁘게 생각한다.

2012년 2월 연구실에서

효과적인
움직임을 위한 연구

서론

　1970년대부터 새로운 무용이 대두되기 시작하였다. 물론 종래의 우리나라가 지니고 있던 무용을 바탕으로 한 발돋움이었다.

　서울시립무용단의 창설(1974, 이전에도 있었으나 새로운 구성원과 새로운 구조로 재조직함)과 더불어 한국무용의 창작화 현상이 다른 면모와 각도로써 찬반의 의미를 동반하는 가운데 본격적인 작업이 이루어진 것이다.

　"무용에 있어서 창작 예술로써의 가능성은 어디까지나 인간의 심적바탕을 토대로 한 신체의 종합적인 율동이라는 의미에서 정의되어야 한다"라고 하였듯이 많은 무용가, 많은 단체가 경제적 안정과 민주 교육 및 그에 의한 민주 사회 그리고 자유화, 개성화의 시대로 접어들어 표현의 시대에 뒤이어서 창무회(이대 무용과 동우회), 설무리(숙대 무용전공 동우회)를 비롯한 대학 동우회를 통한 무용 단체 및 무용 연구회 그리고 의욕적인 무용가들의 개성적이고 참신한 활약이 이루어지고 있다. 또한 대기업체의 문화 사업에 대한 참여도가 날로 적극적인 자세로 전환되면서 오늘날 우수하고, 다양한 창작 무용의 가능성과 근래에는 한국적인 색을 실현하기 위한 작업이 활발하게 이루어지고 있는 반면 그에 따르는 문제점을 내포하고 있다.

이러한 환경과 시기에 1974년부터 1983년까지 필자가 서울시립무용단에서 직업무용수로 활동하면서 현장에서 느꼈던 점을 「한국무용의 과학적 움직임의 도입」(1982. 무용한국사 논문집 발표)과 「한국무용의 도약에 대한 연구」(1982. 무용한국사 논문집 발표)를 통하여 한국무용의 구체적이며 합리적으로 학문화할 수 있는 발전적 양상을 구상하기 시작하였다.

1983년에는 제5회 대한민국무용제에 출품한 "연습실"을 통해 한국무용의 외부적 현실과 내부적 현상 사이에서 발생되는 모순점 등을 다소나마 해결할 수 있도록 실제적 제시를 하였다.

그때의 실제화 작업은 그동안의 체험과 이론적 분석을 바탕으로 이루어졌으며 한국무용의 춤사위를 '정재, 전통무용, 민속무용, 기본 동작'(송 범, 송수남, 문일지, 배정혜 씨 등으로부터 사사)을 통한 가동 범위가 넓은, 인체의 움직임과 공간에서의 역학적 원리에 의한 움직임, 즉 과학적 움직임을 통한 한국적 신체 형성을 위한 체조를 창작 무용화하였다.

본서는 제5회 대한민국무용제에 출품되었다. "연습실"에서 안무되었던 신체 형성을 위한 동작(연습실 작품 중 제2장)을 이론적으로 정립하여 창작 무용의 실제와 이론을 상호 유기적이며 신뢰적인 작업으로 정리함과 동시에 이러한 작업을 보존 및 심층, 확대, 발전 작업을 위한 기초적 바탕으로 삼아야 하는 데 그 의의가 있다.

1. 신체 형성법 연구의 필요성

창작 무용이 기본 동작을 거쳐서 작품으로 실현되기까지의 과정에는 모순점이 있음을 앞서 언급하였다. 그 모순점은 한국무용의 기본 동작은 주로 상지체 중심의 움직임이며, 그 상지체 움직임의 운동 범위가 다양하지 못하여 양팔 여미기(45도, 90도, 180도, 동시에 여미기, 교차하여 여미기), 양팔 수평으로 들기, 양팔 위로 들기, 양팔로 머리(귀밑머리)여미기, 사선으로 들기, 양팔 머리 여미고 다시 들어 내리기, 연풍대의 상지체 동작 등 연풍대의 동작을 제외하고는 단순한 팔의 움직임에 불과하다(물론 움직임 형성 또는 실시의 참 의미는 구간에서부터 마음으로, 총체적 움직임을 하는 것이다.).

또 하지체의 움직임은 앉고 서기, 무릎 굽히고 펴기, 다리 들어올리기(90도 정도), 걷기, 딛고 떼기, 자진 걸음, 뛰어오르기(한발, 양발), 돌기 등 연풍대의 하지체 동작을 제외하고는 실제 해부학상, 기능학상, 신체가 지니고 있는 운동 범위만큼의 움직임을 실시하지 않고 있다. 이러한 기본동작에 의해 작품에 임하면 그 운동량이나 질은 큰 격차를 갖게 되는 것이다.

동양 무용은 하지체보다는 상지체 중심의 무용이라고 볼 수 있음에도 불구하고 상하지체 중 과연 상지체의 움직임이 한국무용을 상징하고 대표하여 내면적, 구조적 우월성을 지니고 있는지 숙고해볼 여지가 있는 것이다.

한국무용만을 통해서 볼 수 있고 느낄 수 있는 '멋', 즉 미적 개념 측면의 이야기가 아닌 숙련되고, 완숙한 움직임을 형상화하기까지의 내부적 구조와 구상을 말함이다.

한국무용의 특성을 살펴보면 "우리 춤의 성격이 획일적이고 기계적인 것보다는 다양성과 개성을 멋으로 삼는 데 그 특징이 있기 때문일 것이다… 얼핏 보기에 사람에 따라 춤동작이 다르기 때문에 일정한 형이 없는 것처럼 잘못 생각할 수가 있지만, 우리 춤을 보고 있으면 대부분의 춤 속에 표준적인 춤사위가 반드시 내재해 있음을 알 수가 있다."

따라서 우리 춤은 고유한 틀을 가진 춤사위가 있다. 다만, "춤을 출 때 그 춤사위의 배열을 고정시키지 않고 그때그때의 상황에 따라 즉흥적으로 변화, 조절한다고 할 수 있다"[2] 라고 하였으며, 장사훈 씨는 궁중무용과 민속무용으로 특징을 분류하였는데 그 내용은 다음과 같다.

"궁중무용의 특징"

① 춤을 추는 처음과 끝에 춤의 내용을 노래로써 설명한다. 춤 중간에도 부르고 춤추면서도 부른다.

② 담담하고 유유한 장단의 흐름과 함께 춤가락이 우아하고 신비스러운 멋을 준다.

③ 무용에 있어 동양화와 같이 여백이 있는데, 이것을 보는 사람으로 하여금 사고력과 유현미를 감지시킨다.

④ 의상이 현란하다.

⑤ 감정이나 개성적인 표현이 절제되고 있다라고 하였다.

"민속무용의 특징"

① 흥에 따라 어깨를 상하로 으쓱거린다.

② 무릎의 굴신에 따라 상하가 가볍게 우쭐된다.

③ 엉덩이를 천하게 흔드는 것이 아니라 부드럽게 허리에서부터 흐르는 곡선의 움직임이다.

④ 대개 몸을 가볍게 놀리되 무게와 끈기가 있어야 한다.

⑤ 궁중무용과는 달리 모든 감정을 절제함이 없이 자유로이 노출시켜 표현한다.

⑥ "즉흥적이다"[3]라고 하였다.

움직임의 본질에 입각한 특징, 또한 분명하고 구체적인 특징이 아닌 의미적인 특징으로 나타나 있기에 일상적으로 정중동의 춤이라 하여 함축성 있는 특성을 표명하여 왔다.

그러나 "무용은 어떤 형식에 의해 예술 작품이 되고 광의의 표현이 된다. 따라서 무용은 형식미에 의해 성립되고 대표되는 것이다"[4]라고 하였듯이, 사실상 오늘날 창작 무용은 앞서 열거한 특성에 바탕은 두지만 현재 나타나고 있는 현상은 원래의 내면적 표출의 미가 예전과 같을 수가 없다. 그리고 현대에서 구조적이거나 움직임으로 생성될 수 있는 형태성, 조형성, 창조성, 미학적 측면의 종합성도 모두 과도기에 놓여 있다고 본다.

이러한 측면에서 창작 무용에 바탕을 이루는 한국무용을 구체적으로 살펴보면 다음과 같은 현상도 있음을 알 수가 있다.

탈춤을 보면 말뚝이 춤사위나 미얄할미의 춤사위에 등배, 몸통, 허리 및 하지체의 가동 범위가 대단히 크고 다양함을 알 수 있다.

북춤도 역시 등배, 몸통, 허리 부위(옆, 뒤로 젖히기)를 다각도로 사용한다.

학춤에서는 마치 발레의 Grand Arabesque와 같이 하지체의 유연성 및 Balance(균형 또는 중심), 지구력을 요하기도 한다.

승무 역시 한국무용의 멋을 대표하는 우아함과 장중함 그리고 유연함을 표현함과 동시에 긴 장삼을 사용하기에 그 움직임은 가장 광활한 폭과 양 그리고 힘으로 추어진다는 것은 분명한 사실이다.

그 외에 살풀이와 같은 내구성 있는 상지체 중심의 무용, 부채춤과 같은 경우 돌기 동작, 농악에서의 연풍대, 뛰기 등이 있다.

앞서 밝힌 한국무용의 어떠한 의미의 특성과도 다른 면모의 무용이 오늘날 형성되어 추어지고 있으며 실제 한국무용의 기본 동작의 연습만으로는 부족한 질과 양과 격차를 충분히 채울 수가 없는 상태이다. 이상의 것이 가장 중요한 모순점이라 할 것이다.

최근에는 국제적 행사가 빈번한 관계로 과시적 표현과 효과를 위해 메고 추는 북춤, 서서 추는 북춤, 장고춤, 법고춤, 바라춤 등 소도구를 사용하는 무용이 많이 창작되고 있다. 공연되어지는 환경 및 조립식 무대(공간 구조 및 Floor 관계)조차도 운동장을 사용하는 경우가 많기 때문에 실상은 마당놀이 형태로써 연희되는 것이 아닌데도 그러한 착상과 형태로 유도되어 창작 무용이 공연되는 사례가 많다.

이러한 현실은 소도구의 크기와 무게가 대형화 또는 증가됨에도 불구하고 전시적 효과에만 급급하지 실제로 미적 효과 및 운동 효과를 고려하지 않고 있음을 알려준다.

소도구의 질과 양의 내외면적 효과와 공연 환경의 변화, 작품의 Image를 능가할 수 있는 무용수들의 체력이나 운동 능력이 적재적시에 대비, 훈련, 보강되지 못한 상태에서 공연에 임하게 되는 경우가 흔하다. 그 결과로 공연 예술의 미는 제대로 창출되지 못하며, 무용수들에게는 신체적 무리만 증가하는 결과를 낳고 말았다. 이러한 것이 또 하나의 모순점이다.

경제 성장에 의한 공연 예술의 활성화 및 문화 사업 확장의 일환으로 무대의 대형화 및 보수적 수단 또는 기능의 대폭 증강과 타예술 참여도의 질과 양의 증강을 제시하지 않을 수 없다.

무대의 공간이 확장됨에 따라서 무용수의 개별적 실력 배양보다는 양적 증가 및 외형적 여건만을 우선적으로 한다던가 고도의 Mechanism으로 인해 무용의 본질인 움직임이 훼손되거나 상실된다든지, 급진적인 창작 무용의 활성화, 자유화의 대두로 인해 절제와 합리적 미의 추구화의 협응이 불균형적으로 이루어져서 무용 예술의 위치가 확고하지 못한 상태에 이르는, 모든 여건을 극복할 수 있는 체계적 연습이 없음도 모순점이다.

일반적으로 무용수 또는 무용가의 연령이 20대 이상이다. 이때는 벌써 신체의 발육이 거의 완성되어져 갈 때이다. Scammon의 인간의 발육 과정을 보면 "일반형(General type), 신경형(Neural type), 임파형(Lymphoid type) 및 생식형(Gono type)의 유형으로 분류했으며 일반형은 키, 몸무게, 가슴둘레 등의 형태적인 성장과 근육, 허파, 염통, 혈관, 콩팥 등의 내장 기관의 발육 그리고 심폐 기능 운동 능력의 발달이 나타나는 성장형이며 출생 후 발육이 급격하고 사춘기에 급격히 증대된다고 하였다. 신경형은 뇌·척수와 같은 신경계의 발육으로 출생 후 4세에서 전체 과정의 80%의 발육에 도달하고 그 후 점차 완성되며 임파형은 림프 조직 및 편도선 등의 발육이 나타내는 과정으로 사춘기 전에 최대 발육을 보여 과도 성장을 하다가 점차 감소되어 정상으로 환원되는 경과를 보인다. 생식형은 성기 및 생식선 기능의 발육 과정이 보이는 형으로 사춘기 이전에는 아주 완만한 발육을 보이다가 사춘기에 2차 성장을 보이면서 급격히 발달되는 경과를 보인다"[5]라고 하였으며, "고교생은 발육의 완성기에 해당한다. 중학생인 때 키만 크던 것이 이 시기에는 신체가 충실하여진다. 또한 이 시기에 운동 종목에 알맞은 균형잡힌 신체를 만들어야 한다"[6]고 하였다. 그리고 "스키모토 교수는 20세를 넘으면 신체가 딱딱해지며…"[7]라고 하였다.

이상의 분류 내용에 의하면 움직임의 종류와 개인차는 다소 있겠으나 일반적인 신체 발육의 정도에 비추어 보았을 때 이미 고정화되어가는 신체 상태를 더욱 독창적인 방법으로 특정한 훈련이 없이 새로운 작품에 소극적인 자세로 임한다는 것은 비합리적인 현상일 수밖에 없다는 것을 알 수가 있다.

상대적으로 어떠한 노력의 여지나 개인차가 고려됨이 없이 나이가 들면 무용을 할 수 없다는 나약하고 비발전적이고 비진취적인 사고방식이나 행위, 또 그에 대한 무반응적이고 안이한 무용계의 성향 내지는 지도자의 관습적 개념이 무용의 모순점을 낳게 하는 것이다.

이상에서 밝힌 점을 수정, 보강, 개선, 확충하는 의미에서 기본 운동 연습에 임하기 전 또는 기본 동작 중에 신체 형성을 위한 기초적 근원적 훈련 및 인식이 수반되어야 하기에 필요함을 절감하며 한국적 신체 형성법을 고안하게 되었다.

2. 연구의 목적

무용은 오늘에 이르기까지 보존되고 전달하는 작업이 무척 어려웠다. "무용을 기록하는 데 있어서 무용의 율동적(Rhythmical)인 구조나 그 design 그리고 공간의 pattern은 생각대로 충분히 기록할 수 있다. 하지만 이 기록은 그 창작자에 있어서는 회상으로, 다른 무용수에게는 형식의 유인으로써 유용하나 표현의 가장 중요한 요소, 즉 무용수의 예술적 의욕이나 정서적 상태를 명확하게 반영할 수 있는 미묘한 개인적 뉘앙스(Nuance)를 그대로 재현시키기 어렵다"[8]고 하였듯이, 지금까지도 이러한 어려움은 난제로 남고 있음을 부인할 수 없는 실정이다.

또한 무용이 보존되고 전달하는 방법이 구전에 많이 의존하였기에 본 연구도 역시 미흡한 점, 어려운 점이 따르겠으나 시작하는 데에 일반적 연구 목적을 두었다.

첫 번째 목적은 무용수의 신체 운동 범위(가동 범위) 및 운동량의 신장을 해부학적 측면에서(주로 관절 운동, 근의 움직임에 국한시킴) 그리고 체조론(주로 체조 형성 과정 및 운동 종류에 국한시킴)에 준하여 창작 무용을 위한 신체 형성의 내실, 그에 따른 구체화와 지속적 활성화를 도모하는 것이다. 이러한 목적 달성과 더불어 본 연구가 후배들에게 창작 무용에 임하는 데 있어서 기초적 밑거름이 되어 창작 무용이 발전하는 데 한 부분을 담당하여 더욱 심층적이고 다방면의 연구로 점진화하는 데에 그 두 번째의 목적이 있다.

3. 연구의 제한점

본 연구는 다음의 제한점을 갖는다.

첫째, 체조론에 준한 형성 과정에 의하여 신체 형성 과정을 전개할 것이다. 가끔 변칙적 과정이 삽입이 되나 본 실기는 기초적인 작업으로써 전개 과정을 용이하게, 복잡성을 가능한 한 배제하면서 동작을 형성하고자 한다.

둘째, 무용은 신체의 움직임이 본질이므로 적어도 무용 종사들이 해부학적 견해를 점차 전문적으로 완숙하게 알아야 할 시대적 현실에 당면하였기에 근의 명칭 지적 및 방향 제시 그리고 관절 운동 용어 등의 표기를 주동적인 것만 사용하고자 한다.

셋째, 호흡의 폭의 양과 크기 신경계 등, 전문적 견해에서 생리적 측면은 분석·적용하지 않았으며 운동에 합당한(마치 에어로빅 체조처럼)일상적이고 편안한 호흡에 의해 동작을 형성하고자 한다.

넷째, 가능한 전반적으로 한국무용의 춤사위에서 동작을 추출 형성하고자 한다.

다섯째, 운동의 속도와 양은 규정짓지 않았다. 개인의 능력 및 성별, 연령 그리고 선천적 자질, 흥미도에 있어서 차이가 있기에 각 운동마다의 속도나 양 그리고 전체적 운동 전개의 속도나 양은 주어진 여건이나 환경에 따라 변화를 줄 수 있다는 유동적 사고하에 동작을 형성하고자 한다(단, 숨쉬기에만 남녀의 두 가지 Pattern을 제시하였는데 호흡의 질과 양이 춤의 근본을 이루기 때문이다).

여섯째, 특별히 운동의 성격(신전성, 강력성, 유연성, 민첩성, 지구력 등)을 개별적으로, 집중적으로 신장하기 위한 동작 형성의 의도는 없다.

그러나 각 동작마다 위의 성격은 모두 내포되어 있으며 주로 근육의 가동 범위를 넓히는 데 주안점을 두고 관절에 의한 근의 움직임을 중시하여 구성하고자 한다.

본론

창작 무용을 위한 신체 형성 동작을 추출 구성하는 데에 근원적 바탕을 이루는 내용은 다음과 같다.

하나, 한국무용의 춤사위의 유형을 제시하여 그를 적용하고 응용한다.

둘, 체조론에 의한 체조 전개 과정을 적용하고 응용한다.

셋, 해부학적 견해에 의한 근의 종류, 성질 제시와 더불어 관절 운동의 용어를 제시하고 이를 적용하고 응용한다.

이상의 내용을 이론적 고찰에 의하여 분석하고 그 바탕위에 최종적으로 신체 형성 실기안을 제시하고자 한다.

1) 춤사위의 유형

우리나라의 춤사위를 다음과 같이 수집하고 분류하였다.

<표1 무당춤, 농악무용, 탈춤>[9, 10, 11]

춤	종류	사위	춤	종류	사위
1. 무당춤	珍島巫舞	바람막이			돛대치기
		꽃봉오리			복판치기
		좌우치기			이슬털이
		회오리 바람		소고 놀이	소고 앞뒷면 치기
		태극 무늬			물푸기
	東海岸巫舞	양사우 치기			앉아 소고 앞뒷면 치기
		겨드랑이 무관			벌려 겹치기
		비빔 무관			팔걸이
		도리깨 무관			사채 맺는 상
	京畿巫舞	부정놀이 딛음			사사
	서울巫舞	도드림			지게북
	서울北巫舞	신칼돌림			앉은 상
		한발돋음			나비상
		두발돋음			차고 앉은 상
		칼 휘둘리기			마상개
		회무			연풍대
		상하 치기			가래틀고 앉은 상
	濟州巫舞	맴돌이			자반뛰기
		어깨메고 뿌림	3. 탈춤	봉산 탈출의 목중춤	불림
		걸치기와 뿌림			고개잡이
		신 맞이			다리들기
2. 농악무용	상쇠의 부포놀이	외사			제자리 걸음
		양사			외사위
		사사			겹사위
		8사			양사위
		퍼 넘기기			앉아 뛰기
		전조시			앉아 뛰기 겹사위
		꾀꼬리 상모			연풍대
		산치기			까치 걸음
		배미르기			

〈표2 농악무용, 범무〉

춤	종류	사위	춤	종류	사위
	봉산 탈춤의	드림 사위			긴여다지
	취발이춤	걷기 사위			곱사위
		근경			멍석말이
		돌림			팔뚝잽이
		허리재기			거울보기
		발뛰기			깨끼리 1번
		너울진			깨끼리 2번
	강령 탈춤의	우방진과 좌방진		송파산대의	합장재배
	말뚝이춤	회우방진과 회좌방진		첫 상좌 춤	팔뚝잡이
		곱사위			몰아치기
		곤장차기			덜이잡이
		외발뛰기			거울보기
		얼으기	4. 梵 舞	오광대와 야유의 덧배기춤 나비춤의 향하게 사방요신	얼음새
		코차기			배김새
		고개잡이			푸름새
		세위뛰기			손 모으기
		싸움사위			꽃봉우리
		채찍놀음			팔벌리기
		이마치기			동쪽 보고 손 모으기
		앉아뛰기			학채
		외돌사위			팔 벌리고 발 내리기
	양주산대의	팔뚝잡이			서쪽 보고 연꽃치기
	거드름춤	사방치기			북쪽 보고 연꽃치기
		용트림			손 모아 상하로 얼으기
		꺼뚝이			앉으면서 손 흔들기
		활개펴기			앉아서 손 흔들기
		곱사위			앉아서 팔 벌리기
	송파산대의	건드렁 화장무			앉아서 서쪽 보고 연꽃치기
	깨끼춤	자진 화장무			앉아서 북쪽 보고 연꽃치기
		여다지			앉아서 동쪽 보고 연꽃치기

〈표3 승무〉

춤	종류	사위	춤	종류	사위
		앉아서 남쪽 보고 연꽃 치기			비스듬히 펴기
		일어서며 손 모으기			무동작
	나비춤의 도랑계	꽃치기			몸 돌리기
		팔 벌리기			比丁比人
		回舞			활개 펴기
		좌우로 연꽃치기			학채
		꽃 들고 回舞			꼬리치기
		손 모으기			감기
	바라춤	磬頭上拜			한 발 들기
		成頭上換提			퍼 넘기기
		번개요잡			걸치기
		歡喜相拜			연풍대
		頭後上換提			꼬아서 뿌림
	法鼓춤	木魚堂象後五通			던져서 뿌림
		木魚堂象初五通			옆뿌림
		옆치기			젖는 뿌림
		북둘려 치기			돌려서 뿌림
		무릎 굽혀 펴기			감아서 뿌림
		양 손 발 사이 마주치기			뛰어서 뿌림
		북 얼으기			앞으로 뿌림
		북 얼으면서 회전			위로 뿌림
		뒷북치기			뒤로 뿌림
		팔 벌리고 회전			완자 걸이
		북 가락치기			잉어 걸이
		合掌			비딛음
5. 僧舞	李梅芳의 僧舞	모음			안가랑
		몸통 비틀기			까치 걸음
		팔 올리기		韓英淑의 僧舞	모음
		팔 내리기			몸통 비틀기
		팔 一字 펴기			팔 올리기

〈표4 살풀이 춤〉

춤	종류	사위	춤	종류	사위
		팔 내리기			던져 뿌리는 사위
		팔 一字 펴기			꼬리 치기
		비스듬히 펴기			펴는 사위
		몸 돌리기			공그리는 사위
		활개 펴기			모으는 사위
		학채			용꼬리 사위
		꼬리 치기			훑는 사위
		한 발 들기			무동작
		퍼 넘기기			쌍사위
		걸치기			감는 사위
		여미는 사위			낙엽 사위
		팔 휘돌리기			날개 사위
		지수기			엇딛는 사위
		옆으로 뿌림			멈추는 사위
		비껴 밑으로 뿌림			빙글 도는 사위
		上下로 뿌림			뱅글 도는 사위
		위로 뿌림			걸어 도는 사위
		꼬아서 뿌림			옆 사위
		뒤로 젖혀 뿌림			잉어 걸이
		앞으로 뿌림			완자 걸이
		감고 푸는 뿌림			까치 걸음
		던지는 뿌림			뒷걸음 사위
6. 살풀이춤	金淑子의 살풀이춤	평사위			얼으는 사위
		비껴든 사위			다루치기
		얹는 사위			목젖 놀이
		끼는 사위			방아사위
		활사위		李梅芳의 살풀이춤	평사위
		학사위			걸치기
		여미는 사위			지숫는 사위
		엎어 뿌리는 사위			안가랑

<표5 홀춤, 제례무용>

춤	종류	사위	춤	종류	사위
		휘젓는 사위			兩手據肩
		맺는 사위			兩手下垂
		채는 사위			兩手還擧
		펴는 사위			腹把
		비겨든 사위			折肩
		수건 휘날리기			荷肩
		꼬리 치기			肩把
		수건 돌리기			割狹
		뒤로 回舞			兩手
		어르는 사위			引膝
		앞으로 뿌림			引胸
		뒤로 젖혀 뿌림			點復
		빙글 도는 사위			徐直指
		뱅글 도는 사위			片直指
		잉어 걸이			推後
		완자 걸이			推前
		까치 걸음		武舞인 경우	拔劍
		비딛음			推臂
7. 홀춤	一字 펴기				伸臂
	보릿대춤				還臂
	깨금춤				打肩
8. 佾舞 祭禮舞踊	文舞인 경우	合胸			纛劍
		下垂			纛擧
		點胸			點膝
		外擧			割劍
		擧肩			割擧
		垂腹			折纛
		還擧			外把
		外揮			後拂
		點乳			擧揮

〈표6 처용무, 정재무〉

춤	종류	사위	춤	종류	사위
		兩手			垂揚手五方舞 1
		荷肩			垂揚手五方舞 2
		膝上內揮			落花流水 1
		前垂			落花流水 2
		折肩下			劍手
		覆臂			掉袖兒
		軼空			廻鸞
		引膝			以袖高抵
		覆劍			後拂
		覆擧			八手舞
		膝把			舞作
		詭左膝			飛履
		起立			拱揖
		下膝			撞袖
		點膝			斜曳据
9. 處容舞		平進			雙拂
		右擧手			一拂
		左擧手			小轉
		前拜			乍轉折腰
		相向			理腰
		相背			左手
		발바딧 춤 1			撞頭
		발바딧 춤 2			詭
		散作花舞 1			俯伏
		散作花舞 2			外袖擧
		散作花舞 3			內手擧
10. 呈才舞		散作花舞 4			小垂手
		左族回舞 1			垂手舞
		左族回舞 2			
		左族回舞 3			

〈표7 춤사위〉

종류	동래야유	수영야유	고성 오광대	통영 오광대	비고
춤 사 위	1. 비껴든 사위 2. 뛰는 사위 3. 한 발 든 사위 4. 팔 내리는 사위 5. 발 굽히는 사위 6. 없는 사위 7. 끼는 사위 8. 평사위 9. 반회전 사위	1. 평사위 2. 딛음 사위 3. 앞걸음 사위 4. 팔 내리는 사위 5. 한 발 든 사위 6. 끼는 사위 7. 없는 사위 8. 뛰는 사위 9. 발 굽히는 사위 10. 반회전 사위	1. 평사위 2. 딛음 사위 3. 팔 내리는 사위 4. 한 발 든 사위 5. 끼는 사위 6. 없는 사위 7. 뛰는 사위 8. 발 굽히는 사위 9. 팔 올린 사위 10. 목놀이 사위 11. 반회전 사위	1. 한 발 든 사위 2. 없는 사위 3. 뛰는 사위 4. 발 굽히는 사위 5. 목놀이 사위 6. 좌우치기 사위	

〈표8 춤사위〉[12]

종류	晋州劍舞	統營劍舞	海州劍舞	비고
춤 사 위	1. 팔 一字 펴기	1. 걸음 발사위	1. 부채 사위	
	2. 배 맞추기	2. 인사태	2. 양 팔 당길 사위	
	3. 상원무	3. 쌍오리	3. 한 팔 당길 사위	
	4. 내향무	4. 먹음 사위	4. 얹은 사위	
	5. 교차무	5. 잦은 사위	5. 도는 사위	
	6. 배향무	6. 잦은 겨드랑 사위 ⌉ 겨	6. 엎드려 땅 짚기	
	7. 숙인 사위	7. 모둠 겨드랑 사위 │ 드 랑	7. 양 손 땅 짚고 어른다	
	8. 옴칠 사위	8. 모둠 사위 ⌟ 사 위	8. 戟笠 잡고 손돌리기	
	9. 한삼 뿌릴 사위	9. 칼 어름 사위	9. 옆사위(칼춤사위)	
	10. 한삼 쌍우리	10. 머릿 사위	10. 뺄 사위	
	11. 맨손 쌍우리	11. 좌우 돌림 사위	11. 번개 사위	
	12. 제자리 어름	12. 손 춤	12. 떡미사위	
	13. 한삼 던질 사위	13. 어깨춤 사위	13. 돌림사위	
	14. 맨손 입춤(오른손)	14. 외팔 돌림 사위	14. 머리윗사위	
	15. 맨손입춤(왼손)	15. 진격태	15. 감은 사위	
	16. 손목 떨구기	16. 연풍대 1, 2, 3, 4 형	16. 모든 뺄 사위	
	17. 방석 돌이		17. 좌우 치기	
	18. 위엄 사위		18. 외칼 연풍대	
	19. 진퇴		19. 외칼 쌍칼 연풍대	
	20. 윗사위		20. 양칼 땅짚는 연풍대	
	21. 옆사위		21. 어르는 사위	
	22. 돌림사위		22. 한 발 들고 뿌리기	
	23. 어름사위		23. 반절	
	24. 걷기			
	25. 쾌자 걸음			
	26. 뿌릴 사위 어름			
	27. 한 발 들고 한 칼 뿌리기			
	28. 제자리 어름			
	29. 연풍대			
	30. 양 칼 윗사위 연풍대			
	31. 외칼, 양칼 연풍대			

〈표9 춤의 동작들〉[13]

부분	동작	세부유형	비고
발의 동작	1. 딛기	① 뒷꿈치 딛기	step의 뜻으로도 통용
		② 앞꿈치 딛기	
	2. 떼기		
	3. 들기		
	4. 걷기		
	5. 전주기	① 한 발 딛기	
		② 전주며 딛기	
		③ 곱 전주며 딛기	
	6. 머물기		
발목의 동작	1. 발목 꺾기		
	2. 발목 펴기		
	3. 안		몸 중심쪽
	4. 밖		이와 반대쪽
	5. 발목 돌리기		
무릎의 동작	1. 무릎 꾸부리기		
	2. 무릎 펴기		
	3. 안으로 꾸부리기		
	4. 밖으로 꾸부리기		
	5. 앞으로 꾸부리기		
엉덩이의 동작	1. 빼기		
	2. 틀기		
	3. 흔들기		
상체(허리·가슴·어깨·목)의 동작	1. 바로 서기		
	2. 앞으로 굽히기	① 상체 굽히기	
		② 허리 굽히기	
	3. 바로 펴기		
	4. 젖히기		
	5. 틀기	① 오른쪽 틀기	
		② 왼쪽 틀기	
	6. 꺾기	① 오른쪽 꺾기	
		② 왼쪽 꺾기	
	7. 허리 돌리기	① 오른쪽 허리 돌리기	
		② 왼쪽 허리 돌리기	
	8. 가슴	① 가슴 모으기	
		② 가슴 펴기	
		③ 가슴 젖히기	

〈표10 머리 동작, 손 동작〉

부분	동작	세부유형	비고
	9. 어깨	① 어깨 올리기 ② 엇바꾸어 올리기 ③ 어깨 내리기 ④ 어깨 틀기 ⑤ 엇바꾸어 틀기 ⑥ 어깨 돌리기	㉠ 앞으로 ㉡ 뒤로
	10. 목 꺾기	① 앞으로 목 꺾기 ② 뒤로 목꺾기 ③ 오른쪽으로 목 꺾기 ④ 왼쪽으로 목 꺾기	
	11. 목 돌리기	① 오른쪽으로 목 돌리기 ② 왼쪽으로 목 돌리기 ③ 온 바퀴 목 돌리기	
머리의 동작	1. 바로 보기		
	2. 위 아래 보기		
	3. 돌려 보기	① 오른쪽으로 돌려 보기 ② 왼쪽 돌려 보기 ③ 뒤 돌려 보기	
	4. 비켜 보기	① 비껴 위 보기 ② 비껴 아래 보기 ③ 비껴 옆으로 보기 ④ 비껴 뒤돌려 보기	
손의 동작	1. 손바닥 바로 펴기	① 위로 바로 펴기 ② 아래로 바로 펴기	
	2. 손목 꺾기	① 위로 꺾기 ② 아래로 꺾기	
	3. 손목 바로 돌리기	① 바로 돌려 엎기 ② 바로 돌려 젖히기	
	4. 손목 꺾어 올리기	① 꺾어 돌려 엎기 ② 꺾어 돌려 젖히기	
	5. 손목 온바퀴 돌리기	① 안으로 온 바퀴 돌리기 ② 밖으로 온 바퀴 돌리기	
	6. 손목 엇바꾸어 돌리기		
	7. 손목 엇바꾸어 뒤엎기		

〈표11 팔의 동작〉

부분	동작	세부유형	비고
팔 의 동 작	1. 펴들기	① 앞으로 펴들기 ② 위로 펴들기 ③ 옆으로 펴들기 ④ 비껴 아래로 펴들기 ⑤ 비껴 위로 펴들기	
	2. 펴 내리기	① 앞으로 펴들기 ② 비껴 앞으로 펴들기 ③ 옆으로 펴들기	
	3. 위 아래 비껴 펴들기		
	4. 앞뒤 비껴 펴들기		
	5. 굽혀 펴기	① 앞으로 굽혀 들기 ② 위로 굽혀 들기 ③ 옆으로 굽혀 들기 ④ 비껴 아래로 굽혀 들기 ⑤ 비껴 위로 굽혀 들기	
	6. 굽혀 내리기	① 앞으로 굽혀 내리기 ② 비껴 앞으로 굽혀 내리기 ③ 옆으로 내리기	
	7. 감기(왼손·양손)	① 허리 감기 ② 머리 위 감기	
	8. 휘저 감기	① 휘저 내려 감기 ② 휘저 올려 감기	
	9. 굽혀 돌려 엎기		
	10. 굽혀 돌려 젖히기		
	11. 뿌리기(외손·양손)	① 위로 뿌리기 ② 아래로 뿌리기 ③ 옆으로 뿌리기 ④ 앞으로 뿌리기 ⑤ 뒤로 뿌리기 ⑥ 엇바꾸어 앞뒤로 뿌리기 ⑦ 비껴 위로 뿌리기 ⑧ 비껴 아래로 뿌리기	
	12. 휘저 감아 뿌리기		• 방향은 ⑪에 준함. CP 아래 서 휘저 감아 위로 뿌리기
	13. 감아 뿌리기	① 안으로 감아 뿌리기 ② 밖으로 감아 뿌리기	

〈표12 걸어가는 동작, 도는 동작, 뛰는 동작〉

부분	동작	세부유형	비고
	14. 던지기(외손·양손)		
	15. 모으기	① 앞으로 모으기	
		② 뒤로 모으기	
걸어가는 동작	1. 평걸음		♩
	2. 늦춘 걸음		♩
	3. 잔걸음		♩♩
	4. 총총걸음		♫ ♫
	5. 까치걸음		
	6. 깨끼걸음		skip
	7. 옆치기걸음		gallop
	8. 가재걸음	① 뒤로	
		② 앞으로	
	9. 꼬우기걸음	① 뒤로	cross
		② 앞으로	
		③ 옆으로	
	10. 성큼걸음		
	11. 게걸음		
도는 동작	1. 연풍대		Rondo하는 것
	2. 멍석말이		큰 space를 두고 도는 것
	3. 기둥놀이		작은 space를 두고 도는 것
	4. 방석놀이		네모꼴 모양으로 도는 것
	5. 맴돌이		제자리에서 도는 것
	6. 구슬돌이		- ○ - ○ - ○ - ○ -
	7. 엇바꾸어 구슬돌이		- - - - - - -
	8. 팽이돌이		돌면서 각 방향으로 이동하는 것
뛰는 동작	1. 다지기		
	2. 전주며 다지기		
	3. 디딤방아		
	4. 널뛰기		
	5. 그네뛰기		
	6. 활개치기	① 활개치며 굽히기	
		② 활개치며 펴기	
	7. 깨끼뛰기	① 앞으로 깨끼발뛰기	
		② 뒤로 깨끼발뛰기	
		③ 옆으로 깨끼발뛰기	

〈표13 앉고 서는 동작〉

부분	동작	세부유형	비고
앉고 서는 동작		② 비껴 깨끼발뛰기	
	1. 제자리 앉기		
	2. 전주며 앉기		
	3. 돌아 앉기	① 온 바퀴 돌아 앉기	
		② 반 바퀴 돌아 앉기	
	4. 뛰며 돌아 앉기	① 뛰며 온 바퀴 돌아 앉기	
		② 뛰며 반 바퀴 돌아 앉기	
	5. 옮겨 앉기	① 앞으로 옮겨 앉기	
		② 옆으로 옮겨 앉기	
		③ 뒤로 옮겨 앉기	
	6. 앉아서 옮겨 가기	① 앉아서 앞으로 옮겨 가기	
		② 앉아서 옆으로 옮겨 가기	
		③ 앉아서 뒤로 옮겨 가기	
	7. 앉아서 돌아 가기	① 앉아서 온 바퀴 돌아 가기	
		② 앉아서 반 바퀴 돌아 가기	
	8. 엉덩방아	① 제자리 엉덩방아	
		② 외발 엉덩방아	
		③ 엉덩방아 돌기	
	9. 주저 앉기		
	10. 주저 앉아 물결 타기	① 주저앉아 전주며 물결 타기	
		② 주저 앉아 활개 펴고 물결 타기	
	11. 엎어 비비기		
	12. 엎어 먹기		
	13. 제자리 서기 제자리		
	14. 전주며 서기		

이상의 춤사위를 통해서 주로 탈춤은 상·하지체의 움직임의 폭이 넓으며 다양하다. 또 무당춤의 경우는 빠른 동작이 많음과 동시에 상지체의 움직임이 다양한 것을 알 수 있다.

농악놀이에서는 상쇠잡이들의 부포놀이를 통한 목놀이와 상모놀이에서 연풍대 등, 몸의 움직임이 다른 춤과 다른 근력과 Speed와 민첩성 등 구체적 움직임이 많음을 알 수 있다.

승무에서는 장삼을 통한 extension된 상체의 움직임이 무척 광범위하다. 그 외의 춤은 주로 우리가 흔히 추는 기본 동작의 범위 안에서 수용 할 수 있음을 알 수 있었다.

끝으로, 특기할 사항은 한국문화예술진흥원의 무용 용어 해설집의 춤사위 분류는 해부학적 측면에서 분류·분석된 과학적 측면의 움직임과 용어라는 것이다.

이상의 춤을 그간 배워온 춤사위들과 통합, 적용시켜서 신체 형성을 위한 실기를 구성하고자 하였다.

2. 체조론의 분석

맨손체조는 "균형 잡힌 몸의 발달과 건강의 유지·증진을 목적으로 하고, 생리학·해부학 등의 인체 과학을 바탕으로 하여 만들어진 합리적인 운동으로써…"[14]라고 했는가 하면 "신체를 부드럽게 튼튼히 발달시키고 균형 잡힌 몸으로 용모를 아름답게 하여 신체 활동에 필요한 규율과 극기, 정확하고 치밀한 사회적 성격을 함양하는 데 있다"[15]고 하여 균형 잡힌 몸, 신체 활동에 필요한 합리적이고 건강한 몸의 발달에 역점을 두어 체조의 필요성을 정의하였다.

그 구체적인 목표는

"① 발육, 발달을 조정 · 촉진한다.

② 건강을 유지하여 증진한다.

③ 기초적 체력을 기른다.

④ 자세와 체력을 만든다.

⑤ 극기 · 자신 · 쾌활 등의 정신을 기른다."[16] 이다.

이러한 체조의 목표에 의한 전개와 실시 과정 및 운동 부위의 설정, 체조의 실시상의 유의점을 반영, 운동의 성향을 제시함으로써 신체 형성의 합리적인 전개 및 동작을 모색하고자 한다.

먼저 실시되는 순서를 분석하면 다음과 같다.

첫째, 장인권 {()안은 운동 부위를 말함}

"① 다리 운동(다리)

② 목 운동(머리 · 목)

③ 팔 운동(어깨 · 팔)

④ 가슴 운동(가슴)

⑤ 옆구리 운동(옆구리)

⑥ 등 운동

⑦ 배 운동

⑧ 몸통 운동

⑨ 온몸 운동

⑩ 뜀뛰기 운동

⑪ 다리(팔)운동

⑫ 숨쉬기 운동"으로 실시하였다.

특기할 사항은 가슴 운동, 옆구리 운동, 등 운동, 배 운동, 허리 운동을 포함하여 몸통 운동으로 본 것이다.

둘째, 김정묵, 신영길

"① 다리 운동

② 목 운동

③ 팔 운동

④ 가슴 운동

⑤ 옆구리 운동

⑥ 등 운동

⑦ 배 운동

⑧ 몸통 운동

⑨ 다리 운동(뜀뛰기)

⑩ 팔다리 운동

⑪ 가슴 운동(숨쉬기 운동)"[18]으로 실시하였다.

특기할 사항은 다리 운동에서 팔 운동까지는 준비 운동으로, 가슴 운동에서 몸통 운동까지는 주 운동으로, 다리 운동(뜀뛰기)에서 가슴 운동까지는 정리 운동으로 구별한 것이다 또 운동을 반복할 때에는 다리 운동(뜀뛰기)에서 다리 운동(처음)으로 돌아가서 끝까지 하는 경우로 실시하는 것이다. 그리고 장인권과 김정묵 · 신영길의 체조 실시 순서 중, 장인권의 온몸 운동이 뜀뛰기 운동 앞에 첨가된 것을 알 수 있다.

셋째, 최경칠, 장순철의 실시 순서는 장인권과 같으나 단, 장인권의 온몸 운동이 없는 것이 다르다.

다음 운동의 형식은 아래와 같다.

1. 張寅權의 분류[19]

부위	형식
다리	·굽혀펴기(屈身) ┌ 다리 벌려 굽혀 펴기 　　　　　　└ 다리 모아 굽혀 펴기 ·들어올리기(擧振) - 안, 옆, 뒤로 ·휘돌리기(旋回) - 안, 밖, 8자형 ·뜀뛰기(跳躍) - 앞, 옆, 뒤, 외발, 모듬발 ·벌리기(開脚) - 좌우로, 전후로 ·비틀기(捻轉) - 안, 밖
목	·굽히기(屈身) - 앞, 옆, 뒤 ·돌리기(轉) - 좌, 우 ·휘돌리기(旋回) - 좌, 우 ·흔들기(振動) - 앞, 옆, 뒤
팔	·굽혀 펴기(屈身) - 앞, 옆, 뒤위, 아래 ·들어 흔들기(擧振) - 앞, 옆, 뒤 ·휘돌리기(回旋) - 앞, 뒤, 안, 밖 ·비틀기(?轉) - 안, 밖
가슴	·벌리기(開) - 팔을 옆으로 들어 벌리기 ·펴기(伸) ·좁히기(狹) ·젖히기(反)
옆구리	·굽히기(屈) - 좌, 우 ·눕히기(倒) - 좌, 우
등	·굽히기(屈) - 앞, 뒤 ·눕히기(倒) - 앞, 뒤
배	·굽히기(屈) - 앞, 뒤 ·눕히기(倒) - 앞, 뒤
몸통	·돌리기(轉) - 좌, 우 ·휘돌리기(回旋) - 좌, 우

2. 金正默 · 申榮吉의 분류[20]

부위	형식
다리(다리, 허리, 온몸)	· 굽혀펴기 - 다리 모아, 다리 벌려 발꿈치 들어 굽히기 · 들어 흔들기 - 앞, 옆, 뒤, 무릎 굽혀 허벅다리 들기 · 휘돌리기 - 안, 밖, 8자 · 뜀뛰기 - 한발, 두발, 위로 · 벌리기- 앞, 옆, 뒤 · 비틀기 - 안, 밖 · 흔들기 - 앞, 뒤, 좌, 우 · 들기- 앞, 옆, 뒤 · 발목 운동 - 굽혀 펴기, 휘돌리기, 흔들기
목(목, 가슴, 어깨)	· 굽히기 - 앞, 뒤, 옆 · 돌리기 - 좌, 우 · 휘돌리기 - 좌, 우
팔(팔, 어깨, 가슴)	· 들어 흔들기 - 앞, 옆, 위, 비껴 옆으로 같이 들어 흔들기 · 휘돌리기 - 앞, 뒤, 안, 밖 · 굽혀 펴기 - 앞, 옆, 위, 비껴 · 들기 - 앞, 옆, 위, 비껴 · 흔들기 - 앞, 옆, 위로 들어 아래, 위, 앞, 뒤, 좌, 우 · 비틀기 - 안, 밖 · 손목 - 굽혀 펴기, 흔들기, 휘돌리기
가슴(가슴, 배, 팔, 어깨, 폭)	· 젖히기 · 굽히기 · 펴기 · 눕히기
옆구리(옆구리, 허리)	· 굽히기 - 몸을 옆으로 · 두 다리 펴서, 한 다리 굽혀서 · 눕히기 - 두 발 지지, 한 발 지지, 손발 지지
등(등, 배, 가슴, 어깨, 옆구리, 허리)	· 굽히기 - 몸을 앞으로 · 다리 모아, 다리 벌려 · 눕히기 - 두 발 지지, 한 발 지지, 손발지지(몸 뒤로 눕혀)
배(배, 등, 가슴, 허리, 옆구리, 다리)	· 굽히기 - 몸을 뒤로 · 다리 모아, 다리 벌려 · 눕히기 - 두 발 지지, 한 발 지지, 손발지지(몸 앞으로 눕혀)
몸통(배, 옆구리, 다리, 허리)	· 돌리기 - 두 다리 펴, 한 무릎 굽혀 · 휘돌리기 - 몸 휘돌리기

3. 催京七·張淳哲의 분류[21]

부위	형식
다리	·흔들기 ·굽혀 펴기 ·들어 흔들기 ·뜀뛰기 ·돌리기
팔	·들기 ·흔들기 ·굽혀 펴기 ·돌리기 ·휘돌리기
목	·굽혀 펴기 ·돌리기 ·휘돌리기
가슴	·뒤로 젖히기 ·앞으로 굽히기
옆구리	·굽히기 ·돌리기
등배	·굽히기 ·젖히기 ·눕히기
몸통	·돌리기 ·휘돌리기
숨쉬기	

이상의 표에서 살펴본 바에 의하면 운동 실시와 운동 형식 및 그 설명에는 약간의 차이가 있으나 그 의미는 거의 동일점에 달하는 유사성을 띄우고 있다.

다음 운동을 실시함에 있어서 주의할 점은

"① 경한 운동에서 서서히 강한 운동으로, 여기에서 다시 경한 운동으로 행한다.

② 운동은 될 수 있는 한 자연적으로 리드미칼하게 실시한다.

③ 운동 실시를 합리적으로 행한다"[22]는 것이며,

최경칠·장순철은 "운동 실시 요령을 정확히 행하되 복합, 결합, 최대한의 움직임을 구사하는 것"[23]이라고 하면서

"① 맨손체조에 의한 자극은 근육과 골격만이 아니고 내장 제기관에도 영향을 주게 되므로,정지 상태에서 체조를 행할 경우에는 보통 심장에서 가장 먼 부위부터 운동을 시작하는 것을 원칙으로 하고 있다.

② 신체의 상하 · 전후 · 좌우의 관계를 고려하여 실시한다. 같은 근군 운동을 오랫동안 계속하면 피로하게 되므로 팔 운동을 행하면 다리 운동을 하고 등 운동을 하면 배 운동을 행하는 방법으로 모든 운동을 상대적으로 행하여야 한다.

③ 최초나 최후에 가벼운 운동을 행하도록하고 중간에 운동량이 높고 노력적인 운동을 배열하도록 한다. 그리고 동작도 쉬운 동작으로부터 어려운 동작으로 구성하여야 한다"[24]라고 하였다.

또 김정묵 · 신영길은 "원칙적으로 심장에서 먼 부위부터 차차 심장에 가까운 부위로 그리고 일상생활에서 많이 사용하는 부위로부터 순서에 따라 실시해야 하고, 처음과 마지막은 간단하고 운동량이 적은 것을 중간은 운동량이 많은 것을 실시하되 파도가 같은 완급, 강약을 확실히 구분하여 구성해야 한다"[25]고 하였다.

이상의 내용으로 운동 실시 요령을 파악하여 보았다.

상기 사실을 통해서 그 이론을 종합하여 분석한다면 다음과 같다.

① 가벼운 운동에서 강한 운동으로 전개하고 가벼운 운동으로 마무리 한다.

② 자연적인 운동을 한다. 예를 들어, 리드미칼하게 한다든지 일상생활에서 쓰이는 운동을 한다.

③ 합리적인 운동을 한다. 예를 들어, 심장으로부터 먼 곳에서 가까운 곳으로 전개, 신체 전후 · 좌우 · 상하의 관계를 고려한다든지, 운동의 완급, 강약, 정과 동을 구분하여 구성하는 점 등이다.

끝으로 신체 부위의 운동 각도를 보면 다음과 같다.

"다리 : ① 다리를 앞으로 들 때 90˚

② 다리를 뒤로 들 때 50˚

③ 다리를 옆으로 들 때 50˚-60˚

④ 무릎굽혀 허벅다리를 들 때 140˚

⑤ 발끝을 굽혀 펼 때 70˚

목 : ① 앞으로 굽히기 50˚-77˚

② 뒤로 굽히기 70˚-76˚

③ 좌·우로 돌리기(후두관절)65˚

④ 옆으로 굽히기(전경추간)40˚

팔 : ① 팔을 옆으로 들 때 100˚-160˚

② 팔을 앞으로 위로 들 때 175˚-180˚

③ 팔꿈치를 회전할 때 130˚-140˚

④ 팔을 앞으로 든 자세에서 옆으로 벌릴 때 135˚

가슴 : 굽히기 15˚

옆구리 : 옆으로 굽힐 때 40˚-45˚

등 : 90˚

배 : 요추의 가동성은 25˚-30˚이나 무릎, 요추, 흉추, 경추가 다 같이 작용할 때 머리가 뒤쪽에 닿을 정도까지 몸을 뒤로 굽힐 수도 있다.

몸통 : 요추 부위가 들어가는 것은 40˚-50˚이나 허벅다리, 무릎, 발목 등의 관절이 작용하기 때문에 90˚이상 돌릴 수 있다."[26]

이상의 각도 분석은 해부학적 자세, 자연 자세에서의 분석이다. 이에 자동 범위를 넓힌 운동을 복합적으로 연결하면 각 부위마다 움직임의 각도는 증가할 수 있다.

3. 해부학적 분석

이제 해부학적 측면에서 위치를 구별하는 용어, 관절 운동의 용어, 운동, 즉 훈련을 결정하는 근육의 성질과 근육의 명칭을 분석하고자 한다.

이 분석을 통해 무의식적인 움직임에서 의식적인 움직임으로 전이시키며 미학적 움직임과 통합되어 한층 내외부적으로 합리성을 띄운 그리고 미적으로 승화되어 예술성의 질을 높이는 하나의 지주적 역할을 담당하는 데 그 의미를 두고자 한다.

먼저 위치를 구별하는 용어를 보면

" ① 전(anterior) : 인체의 앞면에 보다 가까운 쪽

② 후(posterior) : 인체의 뒷면에 보다 가까운 쪽

③ 상(superior) : 머리에 보다 가까운 쪽

④ 하(inferior) : 발바닥에 보다 가까운 쪽

⑤ 내측(medial) : 몸통 정중선에 보다 가까운 쪽

⑥ 외측(lateral) : 몸통 정중선에 보다 먼 쪽

⑦ 근위(proximal) : 몸통 부위에 보다 가까운 쪽

⑧ 원위(distal) : 몸통 부위에 보다 먼 쪽

(그 외 external, internal 등도 있음)이다.

다음 관절의 운동(movement of joints)을 보면,

① 굴곡(flexion) : 관절을 중심으로 두 뼈의 각을 좁히면서 굽히는 운동이다.

② 신전(extension) : 관절을 중심으로 두 뼈의 각을 넓히는 운동,

굴곡의 전제된 후에 이루어지는 것으로 굴곡이 전제되지 않는 신전은 과신전(hyperextension)이라 한다.

③ 외전(abduction) : 몸의 정중면에서 보다 멀어지는 운동으로 예를 들면, 어깨 관절을 중심으로 해서 팔이 몸으로부터 떨어져 나가는 것이다.

④ 내전(adduction) : 몸의 정중면을 향해 보다 가까워지는 운동, 대부분의 내전 운동은 외전 상태를 전제로 하고 일어난다.

⑤ 회선(circumduction) : 굴곡, 외전, 신전, 내전의 연속된 동작으로 이깨·잉딩이·손목·중수 관절 등이 원을 그리는 운동을 말한다.

⑥ 회전(rotation) : 어깨 관절에서 상박이나 고관절에서 대퇴와 같이 장축이 되어 도는 운동을 말한다.

⑦ 회내(pronation) : 기도하는 사람이 무릎을 꿇고, 손바닥은 땅을 짚고 절을 할 때처럼 몸을 앞으로 굽히는 것으로 몸 내측으로 회전하는 동작이다.

⑧ 회외(supination) : 팔을 옆으로 벌렸을 때 손등이 밑을 향하게 하는 동작이다.

⑨ 지속(protraction) : 하악이나 견갑대를 앞으로 내미는 동작이다.

⑩ 철회(retraction) : 하악이나 견갑대를 뒤로 끌어당기는 동작이다"[27](그 외의 내반(inversion), 외반(eversion), 올리기(elevation)등이 있다).

이상의 관절 운동은 체조론에서 운동 형식의 명칭과 일치되는 내용을 지니고 있다. 단지, 왜 운동 형식의 명칭이 어디에서 근원이 되어 붙

여겼으며 그와 같은 형태의 움직임을 하게 되었는지에 대한 것을 분명히 인지하기 위한 필요성에 의해 분류, 표기한 것이다.

이러한 관절 운동의 성격에 의해 움직임의 주동적 역할을 하는 근육의 성질을 보면, "인간이 신체 운동을 했을 때 여러 가지 감각 신호를 받는데 시각 · 청각 · 피부 감각 · 평형 감각 · 근 운동 감각 중에서 운동 연습 과정에서 가장 중요한 역할을 하고 있다는 것이 근 · 운동감각이다"[28]라고 하였다. 신체 운동의 책임을 지고 있는 근은 "골격근(skeletal. m.), 심근(cardiac. m.), 평골근(smooth. m.)"[29]이 있으며 그중 인간 운동이라는 관점에서 보았을 때 이긍세 씨는 골격근이 주가 된다고 하여 골격근을 중심으로 분석하였다. "신체 운동은 골격근의 수축에 의한 관절 운동이며 운동의 실제 담당자는 골격근이다"[30]라고 한 점으로 보아 골격근의 중요성을 강조할 수 있겠다.

이러한 골격근은 "동근(agonist : 주로 움직이게 하는 근육), 길항근(antagonist : 운동이 일어나도록 하기 위해서 이완하지 않으면 안되는 근육을 말한다.), 고정근(stabilizer : 신체근을 움직이지 않게 하는 근을 말한다.), 중화근(neutralizer : 다른 근육의 작용을 무효로 하거나 똑같게 할 때의 근육을 말한다.)으로써 임무를 수행하게 되며 그 임무는 인간이 운동을 하는 동안에 수시로 변한다. 근육의 임무는 주어진 시간에 특별한 기능에 따라 결정되게 된다"[31]고 하여 골격근의 네 가지 성질을 설명하였다.

그러면 근의 특성과 골격근의 특성은 어떠한가 알아보기로 한다.

먼저 근의 특성은 "근육의 특성은 흥분성 · 수축성 · 신장성 · 탄력성의 네 가지를 들 수 있다. 흥분성은 자극을 받고 반응을 할 수 있음을 뜻하는데 보통 자극은 신경계에서 주게 된다. 수축성이란 근육을 자극한 결과, 근육의 모양이 짧아지거나 얇아지는 것을 뜻한다. 신장성은 보통 때의 근육의 길이보다 더 늘어날 수 있음을 의미하며, 탄력성은 늘어나게 한 힘이 없어지면 평상시 상태로 근육의 길이가 되돌아 갈 수 있는 것을 의미한다."[32]

다음 골격근의 특성을 보면 "① 힘있게 수축하고, ② 빨리 수축하고, ③ 오래 반복해서 수축하며, ④ 바람직한 근조(muscletone, "근육이 단단해지는 특성과 적당한 근육의 모양을 말한다. 골격근은 컨디션에 따라서 적당한 신상을 한다. 근조가 발달하면 동작이 빠르고 부드럽다.)를 형성하는 것이다."[33]

"근육 자체가 직접 가지고 있는 요인으로써 근육의 원만치 못한 발달, 근의 단절과 같은 상해, 부적당한 영양 상태, 투머(tumor)와 같은 비정상적인 구조의 출현, 박테리아나 선모충(trichinella) 같은 감염 조직의 출현, 독소 물질의 영향 등을 들 수 있는데 근육의 발달은 위와 같은 요인들을 고려해야 한다."[35]고 하였다.

위와 같은 점을 고려하여 운동에 임하면 다음과 같은 원리에 의하여 훈련을 실시하여야 한다. "근육은 사용하지 않으면 위축이 되고 많이 사용하면 확대해진다."[36] 이 말은 "일의 능력이라 할 수 있는 근육은 훈련에 의해서 증가된다.

훈련은 다음과 같은 요인에 의해 근육의 수행 능력을 높여준다.

① 근육을 비대하게 만든다. 근육은 근의 굵기에 비례한다.

② 훈련은 길항근이 적당한 시간에 완전히 이완되도록 해서 근의 협동력을 높이며 주동근("자신의 필요에 의해 요구되는 관절의 운동에 주

동 역할을 하는 근육"[36])의 기능을 방해하지 않도록 한다.

③ 근의 수축을 시작하기 위한 자극을 주는 기관인 대외 피질의 기능을 증진시킨다."[37]는 것이다.

실상, 근을 잘 알고 훈련 방법을 잘 알아서 한다 해도 훈련 도중 또는 훈련이 끝난 후에 근의 부상, 근의 무리함으로 오는 장애가 허다하다. 그 일례를 보면 "동작 사이의 순간적인 휴식을 빼먹는 나쁜 습관은 근육을 뭉치게 할 뿐 아니라 어떤 학생들에게는 쥐가 나는 원인이 되기도 한다."[39]라는 것이다. 근 형성 및 질의 개인차, 환경적 요인, 그때마다의 condition에 따라 상이하게 분출되는 근의 능력은 실상 훈련 과정에서 약간의 피로감을 지니게 된다.

왜 이런 현상이 생기는가를 알아보면 다음과 같다.

"근 피로를 초래하는 요인은 뇌에서 경험하게 되는 피로의 느낌이 바로 작업 근육으로 전달되며 이것은 근육의 작업 수행 능력을 저하시키고 무력하게 만든다. 근육을 피로하게 하는 요인은 ① 과중활동 ② 영양 상태(부적합한 영양상태, 필수단백질, 광물질, vitamine의 부족, 화학물질을 부족하게 한다. 특히 염분의 부족은 즉시 피로를 초래한다.) ③ 순환기계의 장애(빈혈은 헤모그로빈 재생의 방해로 피로를 가져온다.) ④ 호흡기계의 장애(대표적인 예 : 결핵) ⑤ 감염 ⑥ 내분비 장애 ⑦ 정신적 요인 ⑧ 기타 요인(부적당한 자세나 안정 피로(eyestrain)는 근피로의 원인의 한 요인이다. 부정확한 자세는 자세를 유지하기 위해 중력에 대항해서 근육 수축을 일으키는 데 어려움을 주고 인대와 근육의 피로를 가져온다. 안근의 부적당한 기능은 (예를 들면, 조명에 부적응됐을 때)눈의 피로를 가져온다)등이 있다."[40]

이상과 같이 근, 또는 골격근에 대한 성질(특성, 훈련 실시 요령, 피로 요인)에 대하여 분석하였는데 이상의 분석은 개념적인 면에 중점을 두어서 하였으며, 신체 형성법의 고도화에 작업과 병행하여 더욱더 구체적으로 분석해 나갈 것이다.

인체를 형성하고 있는 근의 종류를 열거하면 다음과 같다.

※ 인체를 형성하는 근의 종류

부위	근의 종류			
배부(背部 · Back)	천배근(淺背筋, Mm, dorsi super ficiales) 상지근(上肢筋, Mm, upper extremimg)	위층	승모근(僧帽筋, M. trapezius) 광배근(廣背筋, M. latissimus dorsi)	
		아래층	능형근(菱形筋, Mm, rhomboidei)	소능형근(小菱形筋, M. rhomboideus minor) 대능형근(大菱形筋, M. m rhomboideus major)
			견갑거근(肩甲擧筋, M. levator scapulae)	
	늑배근(肋背筋, Mm, costalis)	상후거근(上後鋸筋, M. serratus posterior superior) 하후거근(下後鋸筋, M. serratus posterior inferior)		
	심배근(深背筋, Mm, dorsi propri)	고유배근(固有背筋, Mm, dorsi propri)	천층근(淺層筋, Mm, super ficialis)	척추기립근(脊椎起立筋, M. erector spinae) 장배근(長背筋, Mm, dorsi long)
				장늑근(腸肋筋, M. iliocostalis) — 요장늑근(腰腸肋筋, M. iliocostalis lumborum), 흉장늑근(胸腸肋筋, M. iliocostalis thoracia), 경장늑근(頸腸肋筋, M. iliocostalis cervicis)
				최장근(最長筋, M. longissimus) — 흉최장근(胸最長筋, M. longissimus thoracis), 경최장근(頸最長筋, M. longissimus cervicis), 두최장근(頭最長筋, M. longissimus capitis)
				극근(棘筋, M. spinalis) — 흉극근(胸棘筋, M. spinalis thoracis), 경극근(頸棘筋, M. spinalis cervicis), 두극근(頭棘筋, M. spinalis capitis)
		심층근(深層筋, Mm, profundi) 단배근(短背筋, Mm, dorsi brevis)	횡돌극근(橫突棘筋, Mm, trans versopinalis)	반극근(半棘筋, M. semi spinalis) — 흉반극근(胸半棘筋, M. semispinalis thoracis), 경반극근(頸半棘筋, M. semispinalis cervicis), 두반극근(頭半棘筋, M. semispinalis capitis)
				다열근(多裂筋, Mm, multifid)

부위	근의 종류			
			회선근(回旋筋, M. rotatores)	경회선근(頸回旋筋, M. rotatores cervicis) 흉회선근(胸回旋筋, M. rotatores thoracis) 요회선근(腰回旋筋, M. rotatores lumborum)
		극간근(棘間筋, Mm. interspinalis)		경극간근(頸棘間筋, M. interspinalis cervicis) 흉극간근(胸棘間筋, M. interspinalis thoracis) 요극간근(腰棘間筋, M. interspinalis lumborum)
		횡돌간근(橫突間筋, Mm. inter transversarii)		경횡돌간근(頸橫突間筋, M. inter transversarii cervicis) 흉횡돌간근(胸橫突間筋, M. inter transversarii thoracis) 요횡돌간근(腰橫突間筋, M. inter transversarii lumborum)
두부(頭部·Head)	안면근(顔面筋, M. facial 표정근(表情筋, M. expression)	두부(頭部)부위근	두개표근(頭蓋表筋, Epicranium or M. epicranius)	후두전두근(後頭前頭筋, M. occipito frontalis)	전두복(前頭腹, Venter frontalis), 후두복(後頭腹, Venter occipitalis)
				측두정근(側頭頭頂筋, M. temporoparietalis)
		귀주위근	이개근(耳介筋, Mm. auriculars)	상이개근(上耳介筋, M. auricularis superior) 전이개근(前耳介筋, M. auricularis anterior) 후이개근(後耳介筋, M. auricularis posterior)
		눈주위근	안륜근(眼輪筋, M. orbicularis oculi) 추미근(皺眉筋, M. corrugator supercili) 미모하체근(眉毛下制筋, M. depressor supercili)	
		코주위근	비근(鼻筋, M. nasalis) 비근(鼻根筋, M. procerus)	비공압박근(M. compressor naris) 비공개대근(鼻空開大筋, M. dilatator naris) 비중격하체근(鼻中隔下制筋, M. depressor septi)
		입주위근	비중격하체근(鼻中隔下制筋, M. orbicularis) 구륜근(口輪筋, M. orbicularis) 횡근(M. transversus menti) 하순하체근(下脣下制筋, M. depressor labii inferioris)	

부위	근의 종류
두부(頭部·Head)	구각하제근(口角下制筋, M. depressor anguli oris)
	소근(笑筋, M. risorius)
	대관골근(大觀骨筋, M. zygomaticus major)
	구각거근(口角擧筋, M. levator anguli oris)
	상순비익거근(上脣鼻翼擧筋, M. levator labi j uperoris alaeque ras)
	상순거근(上脣擧筋, M. levator labii superioris)
	협근(頰筋, M. buccinator)
저작근(咀嚼筋, M. mastication)	교근(咬筋, M. masseter)
	측두근(側頭筋, M. temporalis)
	외측익돌근(外側翼突筋, M. pterygoideus lateralis)
	내측익돌근(內側翼突筋, M. pterygoideus medialis)
	하두사근(下頭斜筋, M. obliquus capitis inferior)
	상두사근(上頭斜筋, M. obliquus capitis superior)
	대후두직근(大後頭直筋, M. rectus capitis posterior major)
	외측두직근(外側頭直筋, M. rectus capitis lateralis)
	소후두직근(小後頭直筋, M. rectus capitis posterior minor)
	두판상근(頭板狀筋, M. splenius capitis)
	두장근(頭長筋, M. longus capitis)
	전두직근(前頭直筋, M. rectus capitis anterior)

부위	근의 종류		
경부(頸部 · Neck)	천경근(淺頸筋, Mm. colli superficiales)	광경근(廣頸筋, M. platysma)	
		흉쇄유돌근(胸鎖乳突筋, M. sternocleidomastoideus)	
	설골근(舌骨筋, Mm. hyoidei)	설골상근(舌骨上筋, Mm. suprahyoidei)	악이복근(顎二腹筋, M. digastricus)
			경돌설골근(莖突舌骨筋, M. stylohyoideus)
			악설골근(顎舌骨筋, M. mylohyoideus)
			이설골근(M. geniohyoideus)
		설골하근(舌骨下筋, Mm. infrahyoidei)	흉골설골근(胸骨舌骨筋, M. sternohyoideus)
			견갑설골근(肩甲舌骨筋, M. omohyoideus)
			흉골갑상근(胸骨甲狀筋, M. sternothyroideus)
			갑상설골근(甲狀舌骨筋, M. thyreohyoideus)
	심경근(深頸筋, Mm. colli profundi)	전사각근(前斜角筋, M. scalenus anterior)	
		중사각근(中斜角筋, M. scalenus medius)	
		후사각근(後斜角筋, M. scalenus posterior)	
		최소사각근(最小斜角筋, M. scalenus minimus)	
		경장근(頸長筋, M. longus colli)	
흉부(胸部 · Chest)	천흉근(淺胸筋, Mm. thoracis superficiales)	대흉근(大胸筋, M. pectoralis major)	
		소흉근(小胸筋, M. pectoralis minor)	
		쇄골하근(鎖骨下筋, M. subclavius)	
		전거근(前鋸筋, M. levatores costarum)	
	심흉근(深胸筋, Mm. thoracis profundi)	늑골거근(肋骨擧筋, Mm. levatores costarum)	
		내늑간근(內肋間筋, Mm. intercostales interni)	
		외늑간근(外肋間筋, Mm. intercostales externi)	
		늑하근(肋下筋, M. subcostales)	
		흉횡근(胸橫筋, M. transversus thoracis)	

부위	근의 종류			
복부(腹部, Abdomen)	전복근(前腹筋, Mm.abdominis anteriores)	복직근(腹直筋, M. rectus abdominis)		
		추체근(錐體筋, M. pyramidalis)		
	측복근(側腹筋, Mm, abdominis laterales))	외복사근(外腹斜筋, M. obliquus externus abdominis)		
		내복사근(內腹斜筋, M. obliquus internus abdominis)		
		고환거근(睾丸擧筋, M. cremaster)		
		복횡근(腹橫筋, M. transversus abdominis)		
	후복근(後腹筋, Mm. abdominis posterior)	요방형근(腰方形筋, M. pusdratrrs lumborum)		
미부(尾部, coccyx coccygeal area)	미골근(尾骨筋, M. coccygeus)	전천미근(前薦尾筋, M. sacrococcygeus ventralis)		
		후천미근(後薦尾筋, M. sacrococcygeus dorsanatus)		
상지(上肢) 대근(上腕筋)	상지대근(上肢帶筋, Mm, membr superiors; 견근, Mm, Shoulder muscle)	삼각근(三角筋, M. deltoideus)		
		극상근(棘上筋, M. supraspinatus)		
		극하근(棘下筋, M. infraspinatus)		
		대원근(大圓筋, M. teres major)		
		소원근(小圓筋, M. teres minor)		
		견갑하근(肩甲下筋, M. subscapularis)		
	상완근(上腕筋, Mm, brachii)	굴근(屈筋, Mm, flexors)	상완이두근(上腕二頭筋, M. biceps brachii)	
			오구완근(烏口腕筋, M. coracobrachialis)	
			상완근(上腕筋, M. brachialis)	
		신근(伸筋, Mm, extensors)	상완삼두근(上腕三頭筋, M. triceps brachii)	
			주근(*筋, M. anconeus)	

부위			근의 종류
전완근(前腕筋, Mm. antibrachii)	굴근(屈筋, Mm. flexors)	천층(浅層, Mm. superficiales)	원회내근(圓回內筋, M. pronator teres) 요측수근굴근(橈側手根屈筋, Mm. flexor carpi radialis) 장장근(長掌筋, M. palmaris longus) 척측수근굴근(尺側手根屈筋, M. flexor carpi ulnaris) 천지굴근(浅指屈筋, M. flexor digitorum superficialis)
		심층(深層, M. profundus)	심지굴근(沈指屈筋, M. flexor digitorum profundus) 장모지굴근(長母指屈筋, M. flexor pollicis longus) 방형회내근(方形回內筋, M. pronator quadratus)
	신근(伸筋, M. extensors)	천층(浅層, Mm. superficiales)	완요골근(腕橈骨筋, M. brachioradialis) 장요측수근신근(長橈側手根伸筋, M. extensor carpi radialis longus) 척측수근신근(尺側手根伸筋, M. extensor carpi radialis longus) 총지신근(總指伸筋, M. extensor digitorum) 소지신근(小指伸筋, M. extensor digiti minimi)
		심층(深層, M. profundud)	회외근(回外筋, M. supinator) 장모지외전근(長母指外轉筋, M. abductor pollicis longus) 단모지신근(短母指伸筋, M. extensor pollicis brevis) 장모지신근(長母指伸筋, M. extensor pollicis longus) 시지신근(示指伸筋, M. extensor indicis)
수근(手筋, Mm. manus)	모지구근(母指球筋, M. thenar)		단모지외전근(短母指外轉筋, M. abductor pollicis brevis) 단모지굴근(短母指屈筋, M. flexor pollicis brevis) 모지대립근(母指對立筋, M. opponens pollics)

부위			근의 종류
	소지구근(小指球筋, M. hypothenar)		모지내전근(母指內轉筋, M. adductor pollicis)
			단장근(短掌筋, M. palmaris brevis)
			소지외전근(小指外轉筋, M. abductor digiti minimi)
			소지대립근(小指對立筋, M. opponens digiti minimi)
			단소지굴근(短小指屈筋, M. flexor digiti minimi brevis)
	중수근(中手筋)		충양근(蟲樣筋, M. lumbricales)
			골간근(骨間筋) 장측골간근(掌側骨間筋, Mm. interossei interosseipalmares)
			Mm. interossei) 배측골간근(背側骨間筋, Mm. interosseidorsales)
하지근(下肢筋·Mm, membri inferioris)	관골근(Mm. coxae)	내관골근(M. coxae medialis)	장요근(腸腰筋, M. iliopsoas)
			장골근(腸骨筋, M. iliacus)
			대요근(大腰筋, M. psoas major)
			소요근(小腰筋, M. psoas minor)
		외관골근(M. coxae lateralis)	대둔근(大臀筋, M. gluteus maximus)
			중둔근(中臀筋, M. gluteus medius)
			소둔근(小臀筋, M. gluteus minimus)
			대퇴근막장근(大腿筋膜張筋, M. tensor fapiae latae)
			이상근(梨狀筋, M. pri piriformis)
			내폐쇄근(內閉鎖筋, M. obturatorius internus)
			상쌍자근(上雙子筋, M. gemellus superior)
			하쌍자근(下雙子筋, M. gemellus inferior)
	대퇴근(大腿筋, Mm, femoris)		대퇴방형근(大腿方形筋, M. quadratusfemoris)

부위	근의 종류			
대퇴근(大腿筋, Mm. femoris)	봉공근(縫工筋, M. sartorius)			
	대퇴신근(大腿伸筋, M. femoris extensor)	대퇴사두근(大腿四頭筋, M. quadriceps femoris)	대퇴직근(大腿直筋, M. rectus femoris)	
			외측광근(外側廣筋, M. vastus lateralis)	
			중간광근(中間廣筋, M. vastus intermedius)	
			내측광근(內側廣筋, M. vastus medialis)	
		슬관절근(膝關節筋, M. articularis genus)		
	대퇴내전근(大腿內轉筋, M. femoris adductor)	치골근(恥骨筋, M. pectineus)		
		박근(薄筋, M. gracilis)		
		장내전근(長內轉筋, M. adductor longus)		
		단내전근(短內轉筋, M. adductor brevis)		
		대내전근(大內轉筋, M. adductor magnus)		
		외폐쇄근(外閉鎖筋, M. obturatorius externus)		
	대퇴이두근(大腿二頭筋, M. biceps femoris)			
	반건양근(半腱樣筋, M. semitendinosus)			
	반막양근(半膜樣筋, M. semimembranosus)			
하퇴근(下腿筋, Mm. cruris muscles of leg)	하퇴신근(下腿伸筋, Mm. cruris extensor)	전경골근(前脛骨筋, M. tibialis anterior)		
		장모지신근(長母指伸筋, M. extensor hallucis longus)		
		장지신근(長趾伸筋, M. extensor digitorum longus)		
		제3비골근(M. peroneus tertius)		
	비골측근(fibular muscles)	상비골근(M. peroneus longus)		
		단비골근(M. peroneus brevis)		

부위	근의 종류			
족근(足筋·Mm, pedis)	하퇴굴근(下腿屈筋, Mm, cruris flexors)	천층(淺層, superficialis)		하퇴삼두근(下腿三頭筋, M. triceps surae)
				족척근(足蹠筋, M. plantaris)
		심층(深層, profunda)		슬와근(膝窩筋, M. popliteus)
				장모지굴근(長母指屈筋, M. flexor hallucis longus)
				장지굴근(長趾屈筋, M. flexor digitorum longus)
				후경골근(後脛骨筋, M. tibialis posterior)
	족배근(足背筋, Mm, dorsales pedis)			단모지신근(短母指伸筋, M. extensor hallucis brevis)
				단지신근(短趾伸筋, M. extensor digitorum brevis)
	족저근(足底筋, Mm, plantares pedis)	모지근(母指筋, Mm, hallucis)		모지외전근(母指外轉筋, M. adductor hallucis)
				단모지굴근(短母指屈筋, M. flexor hallucis brevis)
				모지내전근(母指內轉筋, M. adductor hallucis)
		소지근(小指筋, Mm, digiti)		소지외전근(小指外轉筋, M. adductor digiti minimi)
				단소지굴근(短小指屈筋, M. flexor digiti minimi brevis)
				소지대립근(小指對立筋, M. coopers digiti minimi)
		중족근(中足筋, Mm, metatarsale)		단지굴근(短趾屈筋, M. flexor digitrum brevis)
				족저방형근(足底方形筋, M. quadratus plantae)
				충양근(蟲樣筋, Mm, lumbricales)
			골간근(骨間筋, Mm, interossei)	저측골간근(底側骨間筋, Mm, interossei plantares)
				배측골간근(背側骨間筋, Mm, interossei dorsales)

이상과 같이 인체의 위치와 관절의 운동에 관한 용어 및 내용 그리고 근을 인지하고 움직임에 임하면 좀 더 구체적이고 합리적으로 신체 형성을 하게 된다.

사람이 태어나서 죽을 때까지 항상 같이 존재하는 것이 내면적으로는 정신과 영혼이라면, 외면적으로는 인체이다. 이 사실에 대하여 죽을 때까지 전혀 무관심한 상태로 지나거나 모르고 지날 경우가 많다. 다른 분야에 종사하는 사람이라 하여도 건강의 보호, 유지, 증진을 위하여 또는 질병을 퇴치하기 위해서라도 인체에 대하여 깊은 관심을 가질 필요가 있다.

이러한 일반적인 상황에서 벗어나 인체의 움직임을 본질로 하는 무용 예술에서는 인체에 대한 적절한 지식과 동반하여 행위한다는 것 자체는 특기할 만한 사실은 아니다.

대학에서 무용이 체육학 속에 포함되어 교육 된지 50여년이 되는 이즈음, 과거의 교육의 장점을 전승 · 발전시키고 단점 및 미흡한 점은 개선하고 보강하는 데 교육의 참 의미가 있으며 작업의 참의미가 있는 것이다.

물론 그동안 대학 무용 교과 과정에서 인체 해부학 · 생리학 · 운동역학 · 기능학 · 심리학 등 인체의 움직임과 연관된 학문의 연구 및 교육이 안 된 것은 아니다. 그러나 학문의 교육이 실제와는 거리가 있고, 이론이며 비유기적인 주입식 교육만을 반복해왔기에 그 배움 자체를 무용에 적용, 변형시켜 나가는 실현성과 응용성이 결여되거나 그 정도가 매우 희박하였던 것이다.

이에 창작 무용의 왕성한 움직임, 더불어 무용계의 번성기를 맞았던

1980년대부터 오늘에 이르기까지 이론과 실제의 유기화와 실현화 그리고 미학적으로 승화시켜 21세기를 발전적 시기로 맞아들여야 할 것이다.

4. 신체형식 실기의 분석

1) 앉아서 하기

(1) 숨쉬기

부위	관절운동	근 수축	근 이완	관절각도	시선	실례
등배	·가슴 adduction abduction ·등·배 flexion extension	·극하근 ·대능형근 ·소원근 ·전거근 ·광배근 ·흉반극근 ·경반극근 ·두반극근 ·다열근 ·늑골거근 ·상후거근	·대흉근 ·외복사근 ·복횡근 ·복직근 ·내복사근 ·척추기립근 ·요장늑근 ·흉장늑근 ·경장늑근 ·흉횡근 ·하후거근 ·외복사근 ·추체근 ·항문거근	·flexion 90° ·extension 30°	·동작이 시작해서 머리가 뒤로 젖혀지 면 위로 본다. ·반대로 머리를 숙 이면 아래를 본다.	·우리나라 고유의 앉는 자세(남·여)
목	·flexion ·extension	·하두사근 ·대후두직근 ·견갑설골근 ·흉골설골근 ·흉쇄유돌근 ·악설골근	·상두사근 ·소후두직근 ·악이복근 ·악설골근 ·설골하근	·flexion 45° ·extension 45°		
어깨	·adduction ·abduction	·흉쇄유돌근 ·광견근	·승모근 ·소흉근	180°		
비고	·외늑간근은 흡기(inspiration), 호기(expiration) 시 늑간공을 보호한다. ·흡기 시에 늑골을 거상한다. ·대흉간근은 흡기, 호기 시에 늑간공을 밀어내고 끌어들이는 것을 방지한다. ·강한 호기 시에 늑골을 끌어내린다.					

(2) 손가락 운동

부위	관절운동	근 수축	근 이완	관절각도	시선	실례
손가락	· dorsi flexion · palmar flexion	· 단모지외전근 · 단모지굴근 · 천지굴근 · 소지외전근 · 소지대립근 · 충양근 · 장모지굴근 · 단장근	· 장모지신근 · 단모지신근 · 배측골간근 · 수지신근 · 소지신근 · 시지신근 · 충양근	· 엄지 말절골 80° 중절골 60° 기절골 15° · 그외 말절골 70° · 손가락 중절골 100° · 손가락굴골전손목 60° · 손가락굴곡후손목 90°	· 손가락을 본다.	· 구간구로부터 가장 먼 부위의 운동 발달을 위하고 미세한 동작의 개발에 의한 동작 어휘 창출을 위함.
몸통(허리)	· rotation · flexion · extension	· 복직근 · 광배근 · 외복사근	· 척추기립근 · 디열근 · 광배근 · 외복사근	· rotation		
목	· rotation · flexion	· 1-4) 참고		· rotation (右 80°, 左 80°) · flexion 45° · extension 45°		
비 고	· 몸통 : 등배 운동이 약간 포함됨(flexion, extension은 관절각도 생략) · 목 : 목 운동이 약간 포함됨					

(3) 손목 운동

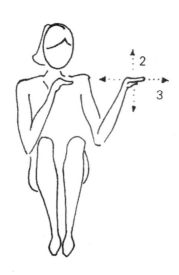

부위	관절운동	근 수축	근 이완	관절각도	시선	실례
손목 1	· dorsi flexion · palmar flexion · rotation (radial, uluar deviation 포함)	· 장모지굴근 · 천지굴근 · 요측수근굴근 · 척측수근굴근 · 장장근	· 소지신근 · 단모지신근 · 지신근 · 척측수근신근 · 단요측수근신근 · 장요측수근신근	· dorsi flexion60 · palmar flexion70 · rotation(각도에 대한 분석 없음) · dorsi flexion60 · palmar flexion70	· 손목이 돌아가는 것을 본다.	· 탈춤, 꼭두각시, 부채춤 등에 있음
손목 2	· dorsi flexion · palmar flexion	· 상동	· 상동	· radial deviation 70 · ulnar deviation 30 · 150	· 손목운동이 일어 나는 쪽을 본다.	
손목 3	· radial deviation · uluar deviation	· 소지외전근 · 장요측수근신근	· 장모지근신근 · 단요측수근신근		· 정면을 본다.	
발목	· flexion	· 상완이두근 · 완요굴근 · 주근				
비고	· 손목 1 : 손목에서는 dorsi & palmar flexion이 있고 돌리기는 팔목과 같이 일어난다. · 손목 2 : 손등이 위로 향한다. · 손목 3 : 손등이 위로 향하여 좌우로 움직인다.					

(4) 목 운동

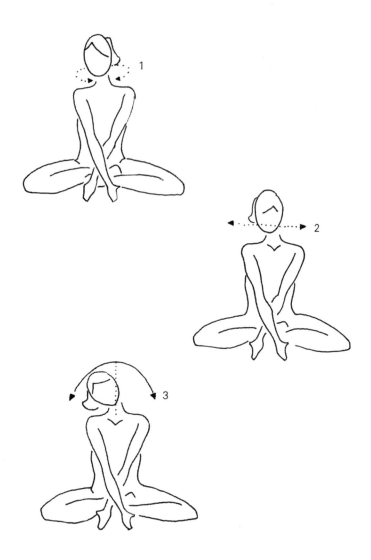

부위	관절운동	근 수축	근 이완	관절각도	시선	실례
목 1	· flexion extension · right lateral flexion · left lateral flexion · rotation	· 두장근 · 흉쇄유돌근 · 악이복근 · 광경근 · 경돌설골근 · 경장근 · 전두직근 · 전사각근 · 중사각근 · 후사각근	· 광경근 · 두판상근 · 경판상근 · 대후두직근 · 상두사근	· flexion 45° · extension 45° · right lateral flexion 45°	· 돌아가는 방향을 따라 멀리 본다.	· 탈춤, 꼭두각시, 농악(특히 상모놀이, 부포놀이 등)에 있음.
목 2	· rotation	· 악이복근 · 후두사근 · 전사각근	· 광경근 · 대후두직근	· 상동	· 상동	
목 3	· right lateral flexion · left lateral flexion	· 흉쇄유돌근 · 후사각근 · 중사각근 · 두판상근 · 경판상근	· 광경근 · 대후두직근 · 소후두직근	· 상동	· 정면을 본다.	
비고	· 어깨를 아래로 완전히 내리고 고정시켜야 목 운동이 충분히 된다.					

(5) 발목 운동

부위	관절운동	근 수축	근 이완	관절각도	시선	실례
발목 1	· dorsi flexion · plantar flexion	· 장모지신근 · 장지신근 · 전경골근 · 단모지굴근 · 단소지굴근 · 족저방형근 · 충양근	· 종골근 · 비복근 · 가자미근 · 족저근 · 슬와근 · 후경골근 · 단지신근	· dorsi flexion 20° · palmar flexion 20° · inversion 30° · eversion 20°	· 정면을 본다.	· 한국무용의 발 동작에 근본이 됨
발목 2	· inversion · eversion	· 장비골근 · 단비골근 · 제3비골근	· 전경골근 · 후경골근		· 정면을 본다.	· 허튼 춤, 막춤, 보릿대춤(병신춤 등각 지방에 산재해 있는 서민들의 춤에는 이러한 발 동작이 많음)에 있음.
비고	· 허리를 곧게 세우고 최대한 대퇴부를 복부측에 가깝게 붙인다. · 뒷꿈치와 발가락 끝까지 전율이 가도록 충분히 움직인다.					

(6) 팔 운동

부위	관절운동	근 수축	근 이완	관절각도	시선	실례
팔(어깨)	· abduction · rotation	· 상완이두근 · 대원근 · 견갑거근 · 족하근	· 오훼완근 · 상완삼두근 · 광배근 · 대흉근 · 삼각근	· 팔 abduction (원래 150°까지 올려야 하나 90°, 즉 어깨 높이로 올린다.) · 어깨 : internal rotation 40°	· 아래를 보고 시작하여 점차 정면을 향해서 본다.	· 한국무용의 팔동작 중 근본이 되는 동작이다. 살풀이, 산조, 궁중무용 등에 있음.

팔(팔목, 어깨)	· abduction
	· rotation
		· 회외근
		· 원회내근
		· 견갑내근
			· 광배근
			· 삼각근
			· 대흉근
				· 팔 : 상동
				· 팔목 :
				   pronation rotation 80
				   supination rotation 80°
				· 어깨 : internal rotation 40°		

팔(어깨)	· abduction · fll · flexion · rotation	· 삼각근 · 상완이두근 · 대원근 · 견갑거근	· 오훼완근 · 상완삼두근 · 광배근 · 대흉근 · 삼각근	· 팔 abduction 150° · 어깨 : internal rotation 40°		

팔(팔목, 어깨)	· abduction
	· abduction
	· rotation(팔목)
	· rotation(어깨)
		· 승모근
		· 대흉근
		· 오복사근
		· 전거근
		· 광배근
		· 상완이두근
		· 대원근
		· 견갑거근
		· 극하근
			· 오훼완근
			· 상완이두근
			· 외복사근
			· 광배근
			· 소능형근
			· 대흉근
			· 삼각근
			· 견갑하근
				· 팔 abduction 150°
				   abduction 30°
				· 어깨 : internal rotation 40°
				· 팔목 :
				   pronation rotation 80°
				   supination rotation 80°		

비고	· 팔 : 어깨 높이까지 4등분 하여 양팔을 올렸다가 한 번에 내림 · 팔 : 팔을 위로 들었을 때 약간의 굴곡이 생긴다. · 팔 : 앉은 자세를 고정시키므로 해서 상체 동작이 신장을 크게 꾀할 수 있다(주로 열구리).					

(7) 다리 운동

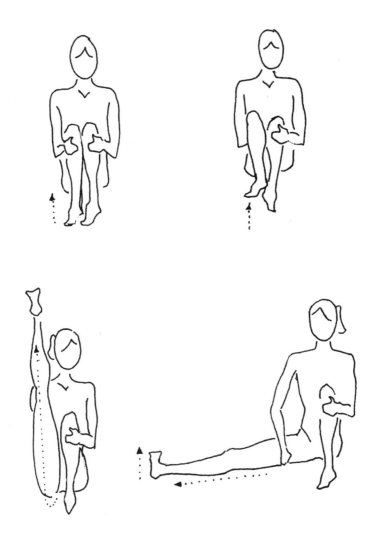

부위	관절운동	근 수축	근 이완	관절각도	시선	실례
다리 (무릎)	· dorsi flexion (발가락, 발목) · flexion(무릎)	· 복직근 · 외복사근 · 장요근 · 치골근 · 대퇴근 · 막장근 · 봉공근 · 장내전근 · 박근 · 대내전근 · 대둔근		· 발가락 dorsi flexion 30°(발목 생략) · 무릎 flexion 50°-150°	· 다리가 펴지는 쪽을 본다.	· 정재의 처용무, 탈춤 또는 큰 폭의 다리 동작이다.
다리	· dorsi flexion (발가락, 발목) · extension (무릎)		· 족저근 · 비복근 · 가자미근 · 중골건 · 대퇴직근 · 외측광근 · 내측광근 · 중간광근	· 상동 · 무릎의 extention 의 각도는 flexion에 포함됨.	· 무릎이 굽혀지면서 정면을 향한다.	· 남성무용의 다리 동작에 있음.
비고	· 다리(무릎) : 발목을 dorsi flexion 한 경우와 plantar flexion 한 경우에 각도의 차이가 있음. · 윗몸을 곧게 편다.					

(8) 팔다리 운동

부위	관절운동	근 수축	근 이완	관절각도	시선	실례
손목 (팔)	· 1-3, 6) 참고	· 1-3, 6) 참고	· 1-3, 6) 참고	· 1-3, 6) 참고	· 손끝이 움직이는 쪽(사선)을 본다.	
발목 (다리)	· dorsi flexion · plantar flexion · inversion · eversion	· 종골건 · 장비골근 · 단비골근	· 장모지신근 · 장지신근 · 전경골근 · 후경골근	· 1-5) 참고		· 탈춤(소모, 기생), 장고춤 등 놓기를 요하는 춤에 있음.
목	· 1-4) 참고	· 1-4) 참고	· 1-4) 참고	· 1-4) 참고		
비고	· 목은 자연스럽게 돌린다. · 복근의 발달과 몸의 균형을 위한 운동도 된다.					

(9) 등배 운동

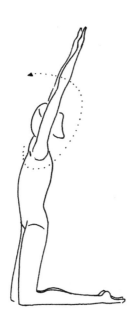

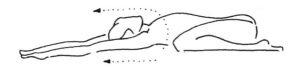

부위	관절운동	근 수축	근 이완	관절각도	시선	실례
등	· flexion	· 복직근 · 복사근 · 흉극근 · 경극근 · 두극근 · 디월근 · 흉최장근 · 경최장근 · 두최장근		· 90°	· 손끝을 따라 멀리 본다.	· 탈춤의 미얄, 북춤, 무당춤 등에 있음.
배	· extension		· 광배근 · 복횡근 · 하후거근	· 30°		
옆구리	· flexion	· 요장늑근 · 흉장늑근 · 경장늑근 · 흉극근 · 경극근 · 두극근		· right lateral flexion 30° · left lateral flexion 30°		
어깨	· elevation	· 삼각근 · 상완이두근 · 대원근 · 승모근 · 대흉근 · 전거근 · 광배근 · 외복사근	· 오훼완근 · 상완이두근 · 외복사근 · 광배근	· forward elevation 150° · backward elevation 30°		
다리	· flexion · extension	· 장요근 · 치골근 · 장내전근 · 박근 · 봉공근 · 대내전근의 stretch		· stretch를 한다.		
비고	· 팔의 동작을 교차할 때마다 다리도 교차되며 그때마다 다리는 stretch를 한다.					

(10) 등 운동

부위	관절운동	근 수축		근 이완		관절각도	시선	실례
등 (몸통)	· flexion	· 외늑간근 · 상후거근 · 요방형근		· 광배근 · 내늑간근 · 흉횡근 · 하후거근 · 내복사근 · 복직근 · 추체근 · 흉반극근 · 두반극근 · 척추기립근	· 요장늑근 · 흉장늑근 · 경장늑근 · 흉최장근 · 경최장근 · 흉극근 · 경극근 · 경반극근 · 두극근	· 원래 flexion은 90°이 다. · 본 동작에서는 무릎 을 굽혔기 때문에 각 도가 신장된다.	· 엎드린 상 태에서 손 끝 을 본다.	· 살풀이, 무당춤, 검 무 등이 있다.
옆구리	· flexion	· 늑골거근 · 상후거근 · 외늑간근 · 척추기립근 · 요장늑근 · 흉장늑근 · 경장늑근	· 흉극근 · 경극근 · 두극근 · 다열근	· 외복사근		· right lateral flexion 30° · left lateral flexion 30°		
팔 (어깨, 팔목)	· elevation · rotation · flexion	· 극상근 · 극하근 · 대원근 · 오훼완근 · 상완근		· 대원근 · 삼각근 · 삼각이두근 · 완요골근 · 상완삼두근		· elevation의 ½각도 정도 · flexion의 ¾각도 정 도 · 어깨 internal rotation 40° · 팔목 pronation, supination rotation 80°		
다리		· 대퇴근 · 박장근 · 대퇴직근 · 외측광근 · 내측광근 · 치골근 · 박근	· 장내전근 · 대내전근	· 외복사근 · 중둔근 · 대둔근 · 대내전근 · 박근 · 반 건양근 · 반 막양근	· 대퇴이두근 · 봉공근			
비고		· 등 : 가슴에 손을 대고 펴지는 팔과 옆구리 등의 신전을 위해 구간부를 고정시킨다. · 옆구리 : 옆구리는 관절 운동이 없음.						

(11) 몸통운동

부위	관절운동	근 수축	근 이완	관절각도	시선	실례
배 (몸통)	· adduction · extention · flexion	· 하두사근 · 대후두직근 · 견갑설골근 · 흉골설골근 · 흉쇄유돌근 · 악설골근 · 외복사근 · 대흉근 · 복직근	· 광배근	· 등의 extension, 즉 배는 30° · 옆구리는 1-10) 참고	· 손끝을 바라보며 허리가 뒤로 젖혀질 때도 역시 목에 힘을 빼고 시선을 끝까지 손끝을 본다.	· 북춤, 탈춤(특히 미얄할미) 등에 있고 팔 동작은 한국무용의 기본 동작의 하나이다.
팔 (어깨, 팔목)	· elevation · rotation · flexion	· 1-10) 참고	· 1-10) 참고	· 1-10) 참고		
다리	· flexion	· 1-10) 참고		· 1-10) 참고		
비고	· 1-10과 동작이 같으나 손이 머리 뒤로 스치는 것이 다르다. · 배 운동의 각도가 원래는 30°이나 하지체의 변화로 27가지 이상 운동이 된다.					

(12) 등배 운동

(1-11) 동작을 이완시켜주는 동작으로 바닥에 등을 대었던 것을 복근에 힘을 주고 튕겨서 일어난다. 목에 힘을 빼고 양팔을 위에서 몸 앞으로 돌려서 몸통을 flexion하면서 일어나 크게 숨을 내쉰다. 천천히 여러 번 되풀이 한다.

2) 누워서 하기

(1) 다리 운동 I

부위	관절운동	근 수축		근 이완	관절각도	시선	실례
발목	· flexion	· 장모지신근 · 장지신근 · 제3비골근		· 종골건 · 비복근 · 가자미근 · 족저근 · 후경골근 · 장비골근 · 단비골근	· 1-5) 참고	· 엎드린 상태에서 손 끝을 본다.	· 탈춤(봉산탈춤) 등에 있다.
다리	· flexion	· 종골근 · 비복근 · 족저근 · 반막양근 · 대퇴이두근 · 반건양근	· 박근 · 대내전근 · 대둔근 · 종둔근		· forward flexion 100°		
다리 (무릎)	· flexion & extension	· 반근양근 · 반막양근 · 봉공근 · 박근 · 슬와근		· 대퇴직근 · 외측광근 · 내측광근 · 중간광근	· full flexion 50°-150°		
엉덩이	· flexion	· 대요근 · 대퇴직근 · 장골근 · 봉공근		· 대퇴이두근 · 반막양근 · 반건양근	· 200°		
다리(엉덩이, 무릎, 발목)	· flexion · rotation · abduction	· 하쌍자근 · 상쌍자근 · 내폐쇄근 · 이상근 · 봉공근 · 중둔근		· 소둔근	· 엉덩이 internal rotation 40° external rotation 50° abduction 450° · 무릎 : 2-1) 참고 · 발목 : 1-5) 참고		
비고	· 점차 높게 올려서 허리와 다리의 각도가 90°가 되도록 한다. · 복근력을 키울 수 있다. · 다리 동작의 방향성을 연습한다. · 엉덩이 관절 운동의 각도는 안으로 40°, 밖으로 50°인데 무릎을 옆으로 하였기 때문에 각도가 달라진다.						

(2) 다리 운동 Ⅱ

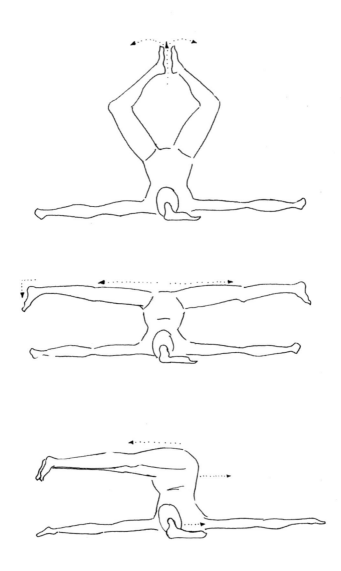

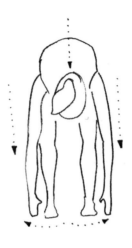

부위	관절운동	근 수축	근 이완	관절각도	시선	실례
다리 (몸통, 엉덩이, 무릎, 발목)	· flexion · rotation · abduction · adduction	· 장요근 · 치골근 · 장내전근 · 박근 · 대내전근 · 봉공근 · 내측광근	· 장골근 · 대퇴직근 · 대퇴근 · 막장근 · 중간광근 · 외측광근	· 몸통 : rotation 1-2) 참고 · 엉덩이 : rotation 2-1) 참고 · abduction 40° · adduction 20° · 무릎 : flexion 2-1) 참고 · 발목 : flexion 1-5) 참고	· 누운 상태에서 다 리가 벌려질 때는 위를 보고, 다리가 모아질 때는 모아지 는 쪽의 반대쪽을 본다.	· 탈춤(봉산탈춤) 등에 있음.
비고	· 발목을 dorsi flexion palmar flexion한 경우 근의 형성이 다르며 한국무용의 특성을 고려하여 dorsi flexion을 택하였다.					

    stretch를 끝내고 몸을 굴려서 그림과 같이 일어난다. 상체는 flex-
ion, 발목은 inversion, 엉덩이는 internal rotation에서 뒤꿈치를 중
심으로 상체는 extension, 발목은 eversion, 엉덩이는 external ro-
tation으로 변화를 주어 다음 동작을 위한 준비 자세를 취한다.

3) 서서 하기

⑴ 옆구리 운동

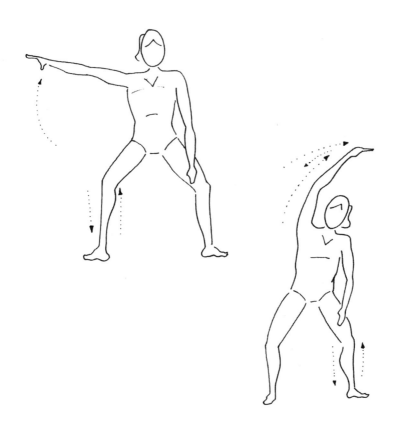

부위	관절운동	근 수축	근 이완	관절각도	시선	실례
옆구리	· flexion	· 대흉근 · 전거근 · 광배근 · 외복사근	· 대흉근 · 전거근 · 광배근 · 외복사근	· 1-9) 참고	· 팔이 머리 위로 올 때는 손끝을 보며 팔이 몸 밖으로 나갈 때는 정면을 본다.	· 기본 동작에서 상체의 옆구리 운동 중 가장 큰 팔 동작을 하체의 가장 큰 동작과 서로 통합시켰다.
팔(어깨, 팔목)	· abduction · rotation	· 1-6) 참고		· 1-6) 참고		
다리(엉 덩이, 무릎, 발목)	· rotation · flexion · extention · eversion	· 대퇴직근 · 장비골근 · 전경골근 · 단비골근 · 장지신근 · 비복근 · 가자미근 · 박근 · 치골근 · 광배근 · 중둔근 · 장내전근 · 대내전근 · 외복사근 · 대둔근	· 박근 · 외복사근 · 대내전근 · 박건양근 · 대퇴인두근 · 반막양근 · 봉공근 · 족저근 · 비복근 · 가자미근 · 대퇴이두근	· 2-1) 참고		
비고	· 무릎이 굴신을 한다.					

(2) 몸통 운동

부위	관절운동	근 수축	근 이완	관절각도	시선	실례
몸통	· rotation	· 1-10) 참고		· 1-10) 참고	· 몸이 정면을 향할 때는 정면을 보고 팔이 휘둘려져서 머리 뒤로 감기면 머리 방향에 상응하는 상태에서 아래를 본다.	· 기본 동작 중 많이 쓰이는 동작임.
팔 (어깨, 팔목)	· abduction · adduction · rotation · elevation	· 견갑하근 · 상완삼두근 · 극근 · 광배근 · 대능형근 · 소능형근 · 대흉근 · 소흉근	· 상완이두근 · 상완근 · 쇄골하근 · 전거근 · 삼각근 · 견갑하근 · 극하근 · 오구완근	· 1-6) 참고 [elevation은 1-9) 참고]		
다리(엉 덩이, 무릎, 발목)	· rotation · flexion · extension · eversion	· 3-1) 참고		· 3-1)과 같음		
비고	· 무릎은 굴신을 한다. · 몸통운동 중 가장 크게 한다.					

(3) 다리 운동(종골전 훈련)

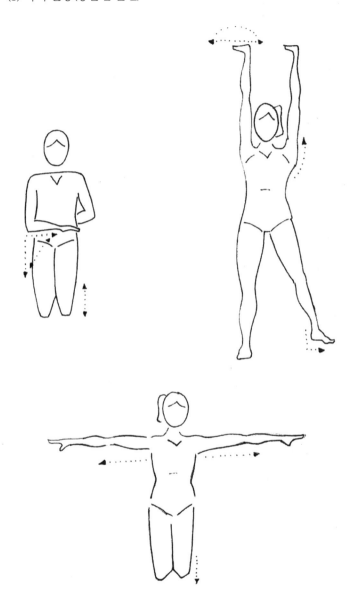

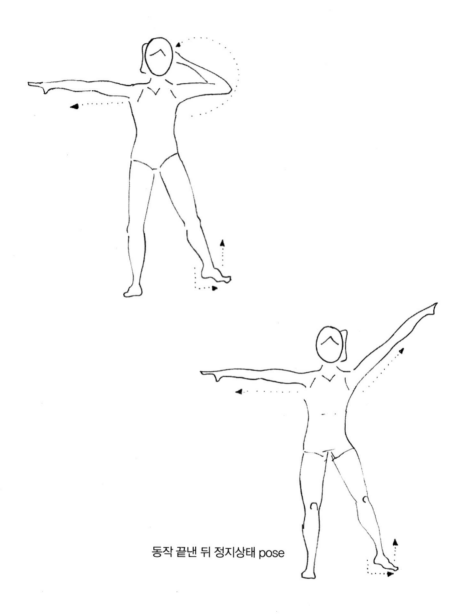

동작 끝낸 뒤 정지상태 pose

부위	관절운동	근 수축		근 이완	관절각도	시선	실례
발목(발가락)	·flexion	·장지신근 ·진경골근 ·제3비골근 ·장모지굴근 ·장지굴근 ·단지굴근	·족저방형근 ·충양근 ·단모지굴근 ·단소지굴근		·발가락 : dorsi dorsi flexion 50° 50° ·발목 : dorsi flexion 1-5)참고	·앉았을 때는 정면을. 섰을 때는 두 팔을 향해 위로 본다.	·한국 무용의 앉은 자세. 뛰기의 근본이 된다.
무릎(엉덩이·다리)	·flexion ·extension	·대퇴이두근 ·대요근 ·슬와근 ·장골근 ·치골근 ·박근 ·대퇴직근 ·반막양근 ·반건양근		·대퇴직근 ·외측광근 ·내측광근 ·중간광근 ·대둔근 ·대퇴이두근 ·반막양근	·1-7) 참고(고관절은 flexion2-1) 참고)		
팔(아래·어깨·팔목·손목)	·rotation ·flexion ·extension ·elevation	·광배근 ·대흉근 ·견갑하근 ·오구완근 ·상완근 ·상완이두근 ·요측수근굴근	·장장근 ·천지굴근 ·심지굴근 ·방형회내근 ·완요골근 ·단소지굴근 ·충양근	·상완삼두근 ·장요측수근신근 ·척측수근신근 ·장요측수근신근 ·주근 ·시지신근 ·충양근	·1-10) 참고 ·1-3) 참고		
팔(어깨·팔목)	·abduction ·adduction ·rotation ·elevation ·flexion	·상완이두근 ·상완근 ·완요골근 ·견갑거근 ·전거근 ·삼각근		·상완삼두근 ·승모근 ·광배근	·1-10) 참고		
비고	발목 ·뒤꿈치를 들고 뒤꿈치가 엉덩이에 닿도록 앉으며 허리를 세운다. 마치 토끼 뜀을 뛰듯이 한다(종골건의 발달을 꾀할 수 있다.). 무릎·어깨춤을 춘다. 　·팔 동작을 여미기로 할 때는 다리에 준비 동작이 있는 것이고, 작은 손 동작으로 할 때는 다리에 준비 동작 없이 　　앉고 서는 연속 동작이다. 　·뛰면서 몸의 긴장을 이완시키고 순발력도 키울 수 있다. 　※ 작은 손 동작 : ·rotation ·abduction ·flexion ·extension						

4) 이동하기

⑴ 전신운동(유연성 훈련)

앞

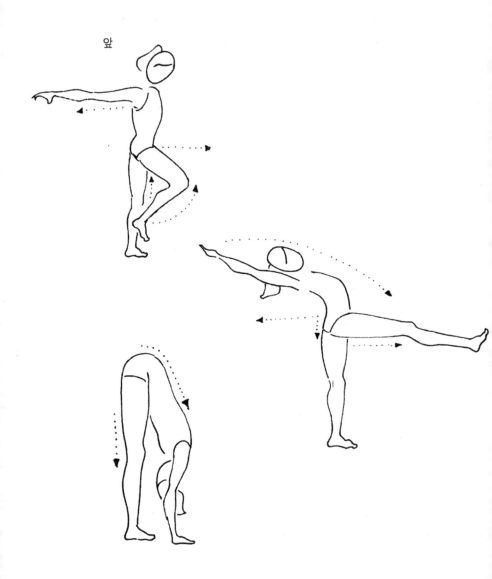

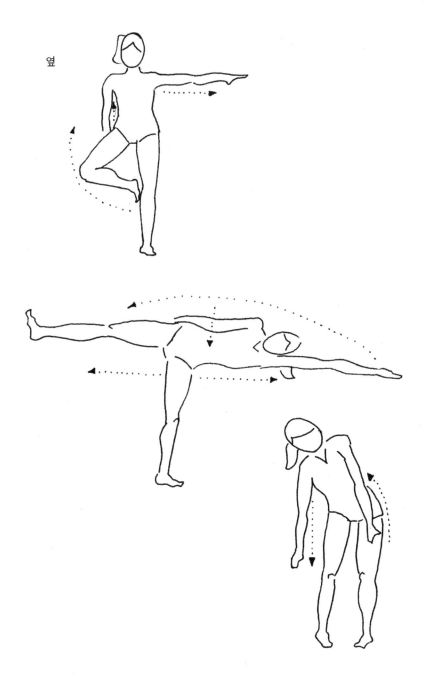

옆

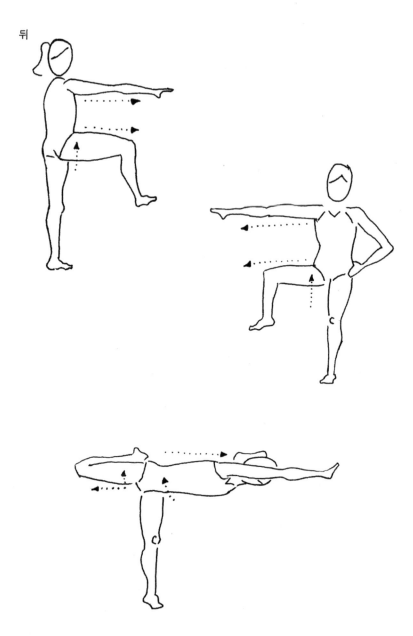

뒤

부위	관절운동	근 수축	근 이완	관절각도	시선	실례
다리 (앞)	· flexion · extension	· 1-7) 참고		· 2-1) 참고	· 다리가 들리는 쪽으로 보며, 상체의 신전이 끝나고 이완 될 때는 들리는 쪽 아래를 본다. 단, 앞 옆, 뒷다리 들기가 끝나 면 정면을 본다.	· 모든 동작 을 통합하여 만들었다(창 작).
배(팔)	· flexion · 배 : extension · 팔 : backward 　　 elevation 　　 rotation	· 1-9) 참고		· 주로 extension에 중점 · 1-6) 참고	· 상동	
다리 (옆)	· flexion · extension · rotation	· 2-1) 참고		· 2-1) 참고		
옆구리 (팔)	· 옆구리 : rotation · 팔 : abduction 　　 rotation	· 3-1) 참고		· 주로 rotation에 중점 · 1-6) 참고		
다리 (앞, 옆, 뒤)	· flexion · extension · backward 　 extension	· 1-7) 참고 · 2-1) 참고		· 2-1) 참고 backward extenwion 0°-20°		
등(팔)	· 등 : flexion 　　 extension · 팔 : elevation 　　 abduction 　　 rotation 　　 extension	· 1-6) 참고 · 1-9) 참고 · 1-11) 참고		· 주로 flexion에 중점 · 1-6) 참고		
비고	· 상하체 동시 유연성 운동이다. · 팔 동작은 몸의 균형을 취하는 데 도움을 준다. · 복근 훈련도 된다.					

(2) 전신운동(근력)

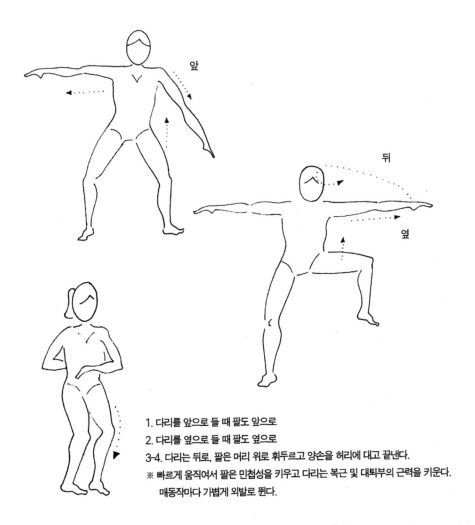

1. 다리를 앞으로 들 때 팔도 앞으로
2. 다리를 옆으로 들 때 팔도 옆으로
3-4. 다리는 뒤로, 팔은 머리 위로 휘두르고 양손을 허리에 대고 끝낸다.

※ 빠르게 움직여서 팔은 민첩성을 키우고 다리는 복근 및 대퇴부의 근력을 키운다.
　매동작마다 가볍게 외발로 뛴다.

(3) 다리 운동(민첩성 : 그림4-1)의 뒷동작처럼 다리를 들고 손을 허리에 댄다.

몸의 회전 방향을 180°씩 주고 외발로 살짝 뛰면서 다리를 앞으로, 옆으로, 뒤로 각각 들고 양손은 허리에 대고 돈다.

다리 높이는 항상 일정하게 한다. 연습량은 개인차에 따라 다를 수 있으므로 한계점을 주지 않고 어느 일정량을 각 방향마다 들어주고 정지하며 Balance를 취한다.

(4) 어깨운동(숨쉬기를 겸함)

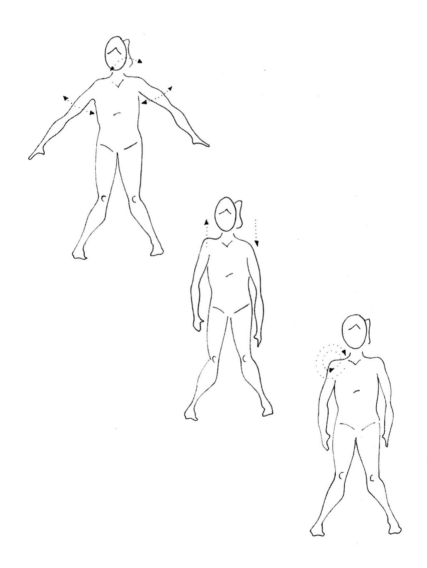

부위	관절운동	근 수축	근 이완	관절각도	시선	실례
어깨 (가슴, 팔목)	· 가슴 모으고 펴기 · 어깨 : abduction adduction · 팔목 : rotation	· 승모근 · 광배근 · 대능형근 · 소능형근 · 소원근 · 대원근 · 원회내근 · 방형화내근	· 대능형근 · 전거근 · 삼각근 · 회내근	· abduction 180° adduction 180°		· 곰사춤과 같이 서민들의 민중 놀이와 꼭두각시 등에 있음.
어깨(옆구리)	· 어깨 올리고 내리기 · 어깨 : 견갑골flexion · 옆구리 : rotation	· 견갑거근 · 쇄골하근		· 옆구리 rotation 1-9) 참고		
어깨 (가슴, 등, 배, 팔목)	· 어깨 돌리기 · 어깨 : abduction adduction · 팔목	· 극하근 · 소원근	· 견갑하근 · 대원근	· 1-9) 참고 interal supination 90° external supination 30°		
비고						

(5) 공간 형성하기(근력, 지구력, 민첩성)

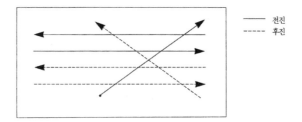

발을 딛고 떼는(까치발) 연속 step으로 공간 형성을 한다. 대퇴부의 후부가 굴신하며 발목이 족배 굴곡, 족척 굴곡을 하는데 족척 굴곡의 각도는 그리 크지가 않다(자연스러운 step).

양손은 허리에 대며 동작이 완숙하여지면 팔 동작 등, 상체 동작에 변화를 줄수 있다.

(6) 돌기(근력, 지구력, 민첩성, 균형)

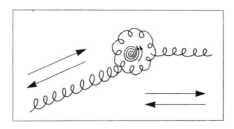

①제자리 돌기

②구슬 돌기

③돌면서 뛰기

④두발을 모아 외발로 뛰기

※ 위치, 높이, 속도, 보폭의 변화를 모두 줄 수 있다. 돌아가는 방향에 중심을 두며 목은 회전 운동을 한다.

(7) 뛰기(유연성, 순발력)

부위	관절운동	근 수축	근 이완	관절각도	시선	실례
다리	· flexion · extinsion	· 2-1) 참고		· 2-1) 참고		· 기본 동작의 응 용(상 · 하체의 통 합 운동)
팔	· elevation · rotation · abduction · adduction	· 1-6) 참고 · 1-9) 참고		· 1-6) 참고		
몸통	· extension	· 2-11) 참고		· 배운동 : 30°		
비고						

(8) 몸풀기

두 발 혹은 한 발씩 자유롭게 교차하여 가볍게 뛰며 상체 동작 역시 자유롭게(팔의 움직임, 목의 움직임, 구간부의 움직임) 이완시킨다. 긴장감이 완전히 풀릴 때까지 공간 이동을 하며 움직인다.

(9) 숨쉬기(정리 운동)

차렷 자세로 서서 자연스럽게 무릎을 굴신하여 호흡을 정리한다. 가능한 한 편안하게 한다.

깊게(그림 3-3참고) 않고, 일어나면서 깊은 숨을 쉰다.

이상의 두 가지 다리 굴신의 방법으로 상체 동작은 손 허리 하기, 여미기, 수평으로 들기, 머리 뒤를 여미기, 양손 위로 들기 등으로 변화를 주고 몸의 균형(허리를 곧게 한다.)을 취하면서 저일 동작을 한다.

이상의 신체 형성 실시의 실시 순서를 열거하면,

- 앉아서 하기 : 숨쉬기→손가락 운동→손목 운동→목 운동→발목 운동→팔 운동→다리 운동→팔다리 운동→등배 운동→등 운동→배 운동→등배 운동
- 누워서 하기 : 다리 운동Ⅰ→다리 운동Ⅱ
- 서서 하기 : 옆구리 운동→몸통 운동→다리 운동
- 이동 하기 : 전신 운동Ⅰ→전신 운동Ⅱ→다리 운동→어깨 운동→공간 형성하기→돌기→뛰기→몸풀기→숨쉬기이다.

이러한 전개는 구간부에서 먼 부위로부터 가까운 곳으로, 작은 동작에서 큰 동작으로, 단순 동작에서 복합 동작으로 하였으며, 앉아서 하기, 누워서 하기, 서서 하기, 이동 하기로 변형을 주어서 운동 중간에

자세의 변화로 재미있고 흥미로우며 피로를 해소해가며 할 수 있도록 고려한다.

또 신체의 관절 운동을 최대한 활용하려고 노력하였으며 운동의 성격인 근력, 지구력, 민첩성, 유연성, 순발력 등을 기초적 단계에서 적용시켜 구성하였다. "안무가는 공간에서의 디자인이 무용가의 움직임에 의해서만 창조되는 것이 아니라 팔과 다리, 머리와 어깨, 엉덩이 및 관절 부분의 위치에 의해서도 창조된다는 사실을 명심해야 한다."고 하여 관절의 위치의 중요성에 대하여 말하였으며 "잠재적 안무자가 지녀야 할 첫 번째 중요한 요건으로는 필사는 신체의 지식, 적어도 신체에 대한 호기심을 이야기하고자 한다."고 하여 신체의 중요성을 말하였다.

이러한 무용에 대한 개념으로 창작 무용에 임하면 "초기의 테크닉 문제들을 해결하는 동안 호세는 신체의 상이한 부분들을 다양한 악기들로 보아 동작 중인 인간 신체를 마치 오케스트라처럼 생각하기 시작하였다. 이것이 이 춤과 수업 지도에 있어서 그의 중심적인 개념이 되었다."라고 표현 하였듯이, 신체의 움직임에 의하여 종합적인 미를 갖춘 이상적 창작 무용을 안무하고 출 수 있다면 일단 무용 예술의 근본 목적은 달성한 것이 아닌가 생각한다.

필자는 늘 신체의 각 부분의 움직임을 충분히 개발, 훈련시켜서 현악기(특히 바이올린 소리에 늘 매료됨)와 같은 미세하고도 폭이 넓은 아름다운 무용 어휘를 창출하고 움직이는 것이 자기 개발의 의미에서 본 무용인으로서의 구체적 목표라고 생각한다.

이러한 목표를 실현함에 있어서 "훈련의 목표 중의 하나는 우리 몸의 주위를 둘러싸고 있는 공간 속의 모든 지점을 다 닿을 수 있도록 하는 것이다. 사람은 해부학적인 구조에 따라 신체의 어떤 부분이 다른 부분보다 더 쉽게 공간의 영역을 닿을 수 있는지 잘 알게 될 수 있다."라는 내용에서 알 수 있듯이 훈련을 통한 해부학적 신체의 소리, 즉 extension된 움직임의 소리를 위해 최대한으로 노력을 기울여야 할 것이다.

즉 해부학적 구조를 알고 그를 바탕으로 인체의 움직임을 효율적으로 훈련을 하며 잘 추출되고 신장되어 적절히 빚어진 미적 감각과 타 예술 및 분야의 이상적인 참여에 의하여 바람직한 창작 무용 예술 세계를 형성해 나갈 수 있다고 본다.

결론

현대는 창작 무용의 시대이다. 또한 창작 무용에 참여하는 무용인들의 참여도와 의욕 그리고 사회적 뒷받침이 매우 적극적인 시대이다.

이즈음, 창작 무용을 좀 더 구체적이고 완숙한 미의 예술로 표출, 완성하는 데 필요로 하는 창작 무용을 위한 신체 형성 실기를 제시하게 되었다. 이러한 실기를 제시하게 된 근본 동기는 한국무용의 기본 동작 가동 범위가 작품을 표현하기에 부적합하다는 것을 알게 되면서부터이다.

그 구체적인 내용으로 첫째, 민속무용, 전통무용 등 순수 고전무용을 표현하는 데에 있어서도 기본 동작의 가동 범위가 미처 그 작품에 뒤따르지 못한다.

둘째, 날로 창작의 의미와 폭이 고도화되어 가는데 기본 동작으로써만 창작 무용의 표현에 완숙성을 기대하기는 부적합한 것이다. 즉 이미 안무되어진 한국무용, 또는 기본 동작을 거쳐 새롭게 안무된 창작 무용에 이르기까지 그 기본 동작과 작품 사이에는 동작의 가동 범위가 질과 양의 차이가 있어서 상호 유기성이 결여되어 있음과 동시에 작품 실현에 한계점을 준다는 것이다.

셋째, 기본 동작 연습 방법이 비합리적인 양상을 띄고 있어서 실제 인체의 움직임을 본질로 하는 무용 예술에 인체의 파악이 결여된 상태, 움직임의 원리가 적용되지 못한 상태로 실시되고 있는 모순점을 제시하지 않을 수 없다.

이러한 현재의 연습 양상에서 좀 더 확고하게 무용 예술 세계(특히, 동작의 가동 범위를 넓혀서 동작 어휘를 창출하는 방향에 중점을 둔 세계)를 위한 근본적 · 기초적 개선 삭업을 종합적인 측면에서 볼 때 미흡한 점이 있으나 실시하면서 지속적으로 보완해야 할 것이다.

본 과정의 연구 방법은 1983년 제5회 대한민국무용제에 출품되었던 "연습실" 중 제2장(신체 형성 실기)을 체조론에 의한 분석, 춤사위의 분석, 해부학적 측면에 의한 분석을 통하여 그 실기에 대한 이론을 정립한 것이다.

체조론에서는 운동 실시 및 실시 요령 등을 참고하였으며, 한국 춤사위의 유형에 의하여 적당한 동작을 추출, 적용하였다. 그리고 해부학적 측면에서는 관절 운동 및 그 각도, 운동에 참여하는 근에 대하여 참고하였다.

이상의 이론적 배경으로 구성해본 신체 형성 실기는 우선, 그 전개를 구간부에서부터 먼 곳에서 가까운 곳으로 하였다.

둘째, 단순한 동작에서 복합적인 동작으로 전개하였다.

셋째, 남녀의 구별 없이 동작 형성을 하였고 숨쉬기에서만 구별하였다.

넷째, 운동의 과정을 앉아서 하기, 누워서 하기, 서서하기, 이동하기로 분리하였다.

다섯째, 동작을 주로 한국 춤사위를 통하여 구성하였다(한국무용의 창작의 특성과 의미를 신장 . 발달시키는 의미에서).

여섯째, 주로 신체의 가동 범위를 넓히는 의미에서 관절의 운동, 그 각도, 운동 근의 분석에 중점을 두었다.

일곱째, 운동의 성격(근력, 지구력, 민첩성, 유연성, 순발력 등)을 고려한 동작 형성을 하였다.

앞으로는 본 연구를 시발점으로 한 더욱 구체적인 연구(생리학적 측면, 역학적인 측면 등)가 심층적이고도 다양한 방향으로 연구되어야 할 것이다.

끝으로 본 연구가 장래에 후배들에게 그리고 훌륭한 미래를 기약하는 무용 예술에 조금이나마 발전의 디딤돌이 되기를 기대하며 결론을 맺고자 한다.

참고 문헌

• 김동희 편저, 운동해부학, 진문사, 1986
• 김말복, 무용 예술론, 금광, 1987.
• 김복희, 김화숙, 무용론, 보진재, 1986.
• 김복희, 김화숙, 무용창작, 보진재, 1986.
• 김은이, 짓, 한국춤모임 「짓」, 창간호, 1987.
• 김의수, 체육의 해부학적 기초와 실습, 눅원출판사, 1986.
• 김정묵, 신영길, 체조교분(I), 형성출판사, 1984.
• 김정자, 임성애, 센체조의 지도, 학문사, 1984.
• 김창규, 이강평, 정성대, 홍양자 공저, 체육과 운동 경기의 생리학적 기초, 동양문화사, 1986.
• 김태홍, 김영구, 이장우, 체력 육성의 이론과 실제, 형성출판사, 1987.
• 권흥식, 인체 해부학, 수문사, 1971.
• 문교부, 체육생리, 문교부, 1973
• 문정옥, 윤명희 편저, 무용학원론, 보경문화사, 1987.
• 박금슬, 춤동작, 일지사, 1987.
• 유정무, 정행도, 최창국, 운동행동의 심리학적연구, 명지출판사, 1985.
• 육완순, 안무, 이화여자대학교출판수, 1984.
• 이상목 외 공저, 인체 해부학, 고문사, 1986.
• 이긍세, 키니시얼러지, 동화문화사, 1976.
• 이긍세, 바이오메타닉스, 동화문화사, 1985.
• 이규식 외 9명, 인체 해부실습지침, 수문사, 1978.
• 임미자, 육완순 공저, 무용인을 위한 해부학, 고문사, 1981.
• 임성애, 김일환 공저, (방정미), 무용미학, 형설출판사, 1985.
• 장사훈, 체조실기론, 학문사, 1985.
• 정병호, 한국춤, 열화당, 1985.
• 정병호, 춤사위고, 민속학회
• 정병호, 탈춤, 춤사위에 내재한 동작소의 미학적 분석, 중대논문집 제28집 별쇄, 1984
• 최경칠, 장순철, 체조, 형설출판사, 1985.
• 최월봉, 정진웅, 이희래, 이무삼, 기본인체해부학, 심구당, 1987.
• 한국문화예술진흥원, 춤사위, 1981.
• 한국문화예술신흥원, 무용용어집, 1974.
• 한양순, 현대 체조론, 동화문학사, 1984.
• 宮下充正, 石井傷入편저, 원호연 역, 운동생리학, 명지출판사, 1985.
• 뷰리엘 스튜아드, 칼라스 다이어, 죠지 발란쉰, 김민희 역, 클라식 발레, 금광, 1984.
• 다니엘 루이스, 이정희 역, 호세리몽 테크닉, 보진제, 1987.
• 도리스 험프리, 김옥규, 김말복 역, 현대무용입문, 청사, 1985.
• 케이엠 브로스, 이득효, 김백희 편역, 발레교본, 융성출판사, 1984.
• P-O. 애스트란트, K.로다알, 김진원 역, 운동생리학(I :기초이론), 동화출판사, 1985.
• John H. Warfel, 박윤기, 박래준, 장정훈 공역, 도해기능해부학, 학문사, 1987.
• American medical association, Evaluation of Permanent Impairment, 1984.
• F.P. Kendall, P.T.E . McCreary, Muscies, Waverly Press, Inc, 1983.

각주

1) 김복희, 김화숙, 무용론, 보진재, 1986, p.6.
2) 한국춤, 정병호, 열화당, 1985, p.58.
3) 장사훈, 한국무용개론, 대광문화사, 1984, pp.25-26
4) 김복희, 김화숙, 무용론, 보진재, 1986, p.14.
5) 문교부, 체육생리, 문교부, 1973, pp.299-300
6) 문교부, 상게서, p.325.
7) 문교부, 상게서, p.307.
8) 문정옥, 윤명희, 무용학원론, 보경문화사, 1987. 3. 16, p.4.
9) 정병호, 춤사위(한국문화예술진흥원) 1981.
10) 정병호, 춤사위고(민속학회), pp.158-163.
11) 정병호, 탈춤, 춤사위에 내재한 동작소의 미학적 분석, 1984. p.20.
12) 김은이, 짓. 한국모임 "짓", 1987, p.73.
13) 한국문화예술진흥원, 무용용어해설집, pp.9-21. (표9-13)
14) 김정묵, 신영길, 체조교본, 형설출판사, 1984, p.17.
15) 최경칠, 장순철, 체조, 형설출판사, 1985. p.22.
16) 최경칠, 장순철, 상게서, p.22.
17) 장인권 체조실기론, 학문사, 1985, p.27.
18) 김정묵, 신영길, 상게서, p.23.
19) 장인권, 상게서, pp.28-30.
20) 김정묵, 신영길, 상게서, pp.19-21.
21) 최경칠, 장순철, 상게서, pp.19-21.
22) 임성애, 김정자, 신체조의 지도, 학문사, 1984, p.20.
23) 최경칠, 장순철, 상게서, p.23.
24) 김정묵, 신영길, 상게서, p.23.
25) 김정묵, 신영길, 상게서, p.23.
26) 김정묵, 신영길, 상게서, pp.30-38.
27) 김의수, 체육의 해부학적 기초와 실습, 녹원 출판사, 1986, p.18.
28) 유정무, 정행도, 최창국, 운동행동의 심리학적 연구, 명지출판사, 1985, p.81.
29) 이긍세, 바이오메카닉스, 동화문화사, 1985, p.222.
30) 김동희, 운동해부학, 진문사, 1986, p.29.
31) 이긍세, 상게서, p.235.
32) 이긍세, 카니시얼리지(신체운동의 과학) 동화문화사, 1981, p.176.
33) 이긍세, 바이오메카닉스, p.232.
34) 이긍세, 전게서, p233.
35) 김의수, 전게서, p86.
36) 김의수, 상게서, p86.
37) 김의수, 상게서, p86.
38) 김의수, 상게서, p83.
39) 육완순, 임미자, 무용인을 위한 해부학, 고문사, 1981, p.31.
40) 김의수, 상게서, pp.87-88.
41) 김복희, 김화숙, 무용창작, 보진재, 1987. p.6.
42) 도리스 험프리, 김옥교, 김말복역, 현대무용입문, 청하, 1985. p.25.
43) 다니엘 루이스 저, 이정희 역, 호세리몽테크파, 보진재. 1987. p.8.
44) 루돌프라반, 감주자 역, 현대의 무용교육, 백록출판사. 1987. p.41.

효과적인
움직임을 위한 연구

2

본서의 구성

1장에서는 한국무용과 해부·기능학, 체조의 움직임 구성 및 동작을 배경으로 한국적 신체 형성 실기안을 제시하였다.

2장에서는 표현 능력 발달을 위한 신체 움직임을 어떻게 움직여서 효과적 결과에 이를 수 있는가에 대한 제시를 하고자 한다.

그 연구 내용은

1) 감정 표현력 육성을 위한 제시

2) 공간 형성 능력의 육성을 위한 제시

3) 구조적 동체 형성력 육성을 위한 제시

4) 운동 역학, 기능학을 통한 동작 분석 및 실기 적용 제시이다.

특히, 4)항은 분석해야 할 움직임의 종류가 많으나 그 가운데 도약에 대한 분석 및 적용으로 일례를 연구를 하였다.

서론

1. 연구의 동기

그동안 춤을 추어오면서 따라만 추던 춤, 빨리 잘 외우고, 똑같이 흉내내는 춤, 어색하지만 되풀이되는 연습량에 따라 자연스러워지던 춤, 흥이 나면 절로 잘 추어지던 춤 등으로 이제 잔뼈가 굵어지려 함을 느낀다.

주어진 공간에 태어날 때부터, 본인에게 주어진 능력 중 다른 능력보다 춤추는 재능이 있는 듯하여 키워진 끼 있는 춤이 무척이나 막연한 상태에서 습관적으로 추어지고 있는 것을 느꼈다.

왜 그렇게 추어졌나, 왜 그렇게 추어져야 하는가, 어떻게 추면 더욱 보기가 좋을까, 쉬울까, 나을까 하는 구체적인 생각을 하게 되었다. 주어진 시간에 주어진 능력으로 보다 효과적으로 출 수 있는 방법이 있을 것이라고 생각되었다.

물체의 놓여진 상태에 따라 우리가 받는 느낌이 다르다. 물체의 모양에 따라 받는 느낌이 다르다. 또 물체의 모양이 움직이는 양과 시간,

방향에 의해 달라지고 있음을 알 수 있다.

이렇듯 춤추는 인체 역시 움직임의 범위가 인체 기능학적으로 완전히 형성되어 있어 어떠한 동작도 가능하다 할지라도 그 인체를 공간에서 얼마나 효과적으로 활용하느냐에 따라 그 움직임은 보다 효과적이고, 신뢰적이며, 더욱 가치 있는 것이 될 수 있다고 생각한다.

정승희 씨는 "우리 춤이 창작 무용으로써 표현 영역을 넓혀가려면 우선 운동량의 확충에서 그 해결의 실마리를 풀어가야 한다고 생각된다. 기존 춤사위의 구성 상태를 면밀히 분석해 하나의 사위로부터 제2, 제3사위를 감지해 내고, 나시 이것을 변형, 반복할 때 거기서 새로운 움직임 및 자세를 발견하게 될 것이다" 라고 하였다.

창작 무용이 막연한 움직임이 아닌, 느끼며 계산해 나가는 효과적인 움직임의 중요성을 나타낸 말이다.

운동학적 측면에서 연구 방향을 참고로 제시하면 다음과 같다(이 방향 제시는 강이문 교수의 논문을 참고한 것임).

"첫째, 무용 운동에 대한 생리적, 형태적 연구

둘째, 운동 기능과 구조에 대한 분석 연구

셋째, 훈련 및 발달 과정에 대한 연구

넷째, 표현과 신체 운동 결합에 대한 연구

다섯째, 운동 역학과 표현에 대한 연구이다." [1]

위의 다섯 항 중 필자는 1장 창작 무용을 위한 신체 형성 실기법에서 해부 기능학, 역학면으로 논술하였기에 2차적인 단계로 인해 자체에서 형성 표출되는 자발적, 자생적 표현 능력을 좀더 효과적으로 훈련, 발달 시켜야 한다는 생각에서 본 연구에 임하게 되었다.

2. 연구의 필요성

생활의 한 형태로써의 원시적 움직임에서 종교적인 수단으로써의 움직임, 문화적 수단으로써 예술의 한 형태로 점차 그 질이나 양은 고도로 발달, 급증하고 있는 때이다.

우리 나라에만 1980년대에 이르러 공연 예술로써의 무용은 그 질과 양이 거의 특정한 범주가 없이 발전되고 있다. "또한 구한말 이후 유입된 외래 의존적 무용 분류 방식, 곧 한국무용, 현대무용, 발레의 근거 없는 삼분법은 와해시키는 과정에 있는데 이런 와중에(그 전후 사정이야 어떠하였든 간에) 전래의 토착적인 춤사위와 분위기에 충실하였던 한국무용 분야가 80년대 후반기에 현대무용이나 발레 분야보다 상대적으로 창작의 밀도 측면에서 활기를 띠고 있다는 점도 간과되지 말아야 할 것이다"[2]라고 하였다.

'쟁이'로서 기능적인 면모에서 이제는 기능과 이론을 겸비한 '가'로서 실제 내실을 기하고, 나아가서는 놀이라는 형태에서 예술 내지는 학문으로써 그 내면적 면모를 다시금 재형성해야 될 때라고 보아도 과연은 아닐 것이다.

문일지는 이어령과의 대담에서 다음과 같이 춤에 대하여 소신을 피력하였다. "옛날 춤을 그대로 재현한다는게 의미가 없지 않느냐는 거론, 또 옛날 것의 소박성, 특히 우리 한국인들은 이 소박성, 비규격화, 비체계화, 스타일라이즈가 안된 것을 자꾸 자랑하는데 그런 것을 자랑하다 보면 예술의 기본을 부정해 버리게 된단 말이죠. 우리의 것이 아무리 자연스럽다 하더라도 자연스럽지 않은 추상적인 것이 있기 때문에 '탈춤'이고, 즉 양식이 들어 있기에 춤이 된 것이지 그렇지 않다면 어떻게 춤이라고 할 수 있겠느냐는 거죠. 그러니까 이런 경계선, 예술과 자연, 규격과 파격, 이런 경계 돌파의 감각, 이것들이 참 필요하죠. 이런 경계 돌파라는 것은 마지막으로 춤과 음악, 문학과 춤, 인터디스티한 경계를 돌파하는 무용 같은 시, 시 같은 무용, 음악 같은 무용, 무용 같은 음악, 이런 것들은 자기 영역을 벗어나려는 것이 아니라 그 영역의 특성을 그 경계 돌파를 통해서 더 돋보이게 하는 거죠, 이런 것들이 앞으로 새로운 디콘스트럭티브(deconstructive) 아트에서 굉장히 중요한 역할이 되지 않나 합니다."[3] 과거의 한국무용, 오늘의 한국무용, 앞으로의 한국무용을 나타내었듯이, 무용의 일차원적 본질인 인체의 보다 효과적이고 표현적인 움직임을 위한 연구가 필요하게 되었다.

막연한 움직임, 약속되지 않은 움직임은 행위자 스스로가 알 수 없는 세계를 추고 있다는 모순을 낳게 된다.

또 행위자 스스로가 잘 모르는 춤을 출 때 보는 이로 하여금 그 행위에서 공감대를 형성할 수 있는 절대적 호소력이 절감이 되는 것이다. 말하고자 하는 사람이 말하고자 하는 내용과 핵심을 잘 모른다면 듣는 이 역시 잘 모르는 것이다. 이렇듯 작품 전체의 의도가 이미지 부여에 있든 구체적 묘사에 있든 추상적이고 사실적이든 행위자 스스로가 먼저 신속하고 만족하며 책임질 수 있는 행위일 때 일단 그 행위는 행위로써 인정받을 수 있는 것이다.

그 다음으로 과거 즉흥성으로 우리 나라의 춤의 정신과 철학을 대변하였던 그 맥이 오늘날 계속 이어져옴은 바람직한 일이나 실질적으로 그것은 정신이요, 철학이지 구체적 실현을 위한 방법은 아닌 것이다.

극히 국한된 분야에서는(마당 놀이) 때로 즉흥성이 구체적 실현의 중

추적 방법이 되기도 하나 적어도 공연 예술로써 면모를 갖춘 대부분의 범주에서는 탈피를 해야 하는 것이다.

이상일은 "공동체를 기반으로 한 축제, 집단, 자발성의 회복이 거리굿 형식에서는 쉽사리 가능해진다. 이 말은 다시 그 연장선상에서 자연성과 현장성 그리고 즉흥성을 전제한다. 공동체 의식을 자극하고 공명대를 울리는 축제 집단은 자연적이며, 현장에 있고, 즉흥적인 것들을 만들어낸다. …그런 인위적인 현장성, 즉흥성은 곧 인위적인 자연성을 만들어내는 것을 최종적인 목표로 삼는다"[4]고 하였다. 이상일은 계속하여 '놀이의 거리' 규칙을 거론하였다. '놀이의 거리' 규칙은 우리가 흔히 극장 공간에서 약속하는 법칙을 내세우지 않는다. 단지 그것이 놀이의 경계에서 몇 가지 지켜야 할 사항만이 제시된다.

"첫째, 이 규칙의 전제는 운동 경기에서 규칙을 해치거나 방해하는 사람이 퇴장 당하듯이 슈릴 슈트라세에서도 그런 사람의 참여는 용납되지 않는다.

둘째, 운동 경기와 반대로 관중은 '놀이의 거리'에서 여러 연극을 동시에 볼 수 있으며 마음대로 돌아다니다가 연극자와 이야기하고 때로는 같이 어울릴 수가 있다.

셋째, 연희자, 화가, 조각가, 예능인, 음악가가 요청하거나 연극적 전시 혹은 자료를 위해 초청되면 관중들도 사건 속에 관여할 수 있다.

넷째, 관중들은 다양하고 동시적으로 일어나고 있는 프로그램 가운데 마음대로 선택할 자유가 있다.

다섯째, 아침 10시부터 저녁 10시 사이에 진행되는 프로그램은 확정되지 않고 유동적이며 바뀔 수 있고 예상되지 않았던 것으로 꾸며진다.

여섯째, 심판은 없다

일곱째, 예상할 수 있는 사건은 일어나지 않는다"[5]라는 규칙에서 마당놀이의 속성을 잘 알 수 있듯이 이러한 대별되는 무용의 양상에서 예술 무용으로써의 근원적인 바탕을 형성하기 위해서 효과적 움직임은 필요하다.

3. 연구의 목적

신체 기능학적으로 가동 범위가 완숙하게 형성된 신체로써 이차적으로 움직임을 통하여 표현하고사 하는 모든 것을 효과적으로 표출해 내기 위하여 다각도적인 이론과 그에 따른 실제적 연습이 동반되어야 한다.

이 다각도적인 이론과 실제적 연습의 결과, 종래의 움직임의 본질의 변화, 무용 연습 과정 및 방법의 변화와 인체 또는 움직임에서 생성되는 다양하고 무한한 몸짓 언어의 확보, 행위자 자신이 갖는 행위의 신뢰와 인지 상태의 확보 등의 목적을 달성할 수 있다고 보기에 본 연구에 임하게 되었다.

본론

1. 감정 표현력 육성을 위한 연구

제 1회(1985년) 한국무용제전에서 "갈채"라는 작품을 공연한 바 있다. 이때 필자는 희, 노, 애, 비, 농이라는 집약적이고 한국적인 대표적 감정을 다섯 부분으로 분리하여 연습복(tights와 한복의 혼합형)차림으로 감정 표현을 위한(실제로 감정 표현 능력의 중요성을 깨닫고 만든 작품이었다.) 작품을 안무하였다.

이러한 작품을 안무하게 된 것은 앞에서 밝혔듯이, 무용에 있어서 특히 창작 무용 또는 실험 무용에 있어 과거의 민속무용과는 또 다른 폭의 감정의 확산을 요하기에 나름대로 체계적 감정 표현 연습이 필요하다는 것을 깨달았기 때문이다. 그리고 그 깨달음을 실천해야 한다고 생각했고 현재도 그 생각은 변함이 없기에 대학 강의를 통해서 무용 실기와는 별도로 감정 표현 연습을 실시하였었다. 하물며 과거 민속무용 가운데 살풀이, 부채춤, 농악, 승무, 화관무, 탈춤 등에 있어서도 표현되는 세계는 엄청나게 다르다 것은 이미 아는 사실이다. 예술의 한 분야인 무용으로 손색이 없으려면 우리가 작게 또는 무심히 넘기는 생각, 사건 등에도 의미를 부여하고 질문을 하며 해답을 구해야 한다. 이러한 과정으로 전이되는 것이 생활화 되어야 점차 예술로써의 의미와 내실을 기하는데 다소 이바지가 될 것이다.

육완순은 "무용과 밀접한 관계를 갖고 있는 무수한 예술 중에서도 서정시는 비교적 의미 깊은 공통점을 지니고 있는데, 그것은 서정시도 무용에서와 같은 리듬과 표현을 지녔다는 점이다.

시는 감각적 매력이 깃든 방법을 이용하여 구사하고 있다. 언어는 그 말의 목적이 전달될 뿐만 아니라 말 자체가 지닌 뜻의 흥미를 넘어선 더 큰 흥미를 내포하고 있다. 따라서 무용도 단순한 무용 동작을 보여줄 뿐만 아니라 동작이 주는 의미의 한계를 넘어선 더 큰 의미를 보여줄 수 있다고 생각한다"[6]라고 하여 동작 이상의 흥미를 표출하는 그 세계를 구축하기 위한 하나의 수단이 되는 것이다.

사전에서 창작 무용에 대하여 정의하기를 "창작 무용은 전통적 고전 무용처럼 어떤 특정의 표현형을 짜 맞추어서 그것을 작무하는 것도, 또 그러한 표현형을 몇 개 빌려오거나 혹은 여러 가지 기성의 움직임을 모아오는 것도 아니다. 창작 무용에 있어서는 그 작품 주제에 따라 표현 활동이나 구성을 새로 만들어나가는 것이다"[7]라고 한다. 이와 같이 물도 고이면 썩듯이 흐르는 물과 같이 무용의 바람직한 작업을 위해서는 항상 사고하고 창의적 자세에 임하여야 하며 새로운 주제에 의한 감정의 정리, 추출, 상징화, 표현화에 영과 육이 혼연 일체가 되어야 하는 것이다.

일본 TDK 사장은 말한다. "인생은 창조(creative)가 아니겠습니까? 그러한 뜻에서 기업도 창조를 잊으면 존속할 수 없다는 교훈을 주고자 '수(修), 파(破), 리(離)'라는 말을 해왔습니다. '수'(修)는 정석을 배우라는 뜻이며, 정석을 알면 자아심이 생기게 마련이기 때문입니다. 나는 도대체 무엇인가 하는 의문입니다. 그 다음의 단계가 '파'(破)라는 것입니다. 예를 들어, 스승이 가르치지 않은 것을 체득함과 같은 것이 '파'입니다. '리'(離)의 경지는 '아름다움'이라고 말할 수 있지 않겠습니까, 무용 하나를 예로 들어도 인간 국보라는 사람은 '리'의 경지에 이른 것이라 여겨집니다. 남의 인정을 받겠다든지, 높은 평판을 얻자는 사심이 전혀 없으므로 그 자체가 '미'(美)로 통하게 됩니다"[8]라고 한 말은 무척 기초적인 이야기이며 아주 쉬운 수학 공식 같으나 우리가 실천하고 실현하기가 너무도 어려운 예(禮)의 길을 잘 나타내주고 있다.

진정한 무용은 동작의 형상화, 동작의 조립화 그리고 연결, 나열, 배치 등의 세계에서 벗어나 마음에서 일어나는 감흥을 초자아의 세례로 전이시키며 자아는 잊고, 관객은 매료되고, 공감하며 서로 한 공간 안에서 하나가 되는 순간이야말로 첩경에 이른 것이라 할 수 있을 것이다.

이러한 경지로 도달하는 데에 있어서 동작만 익히고 연결하며 detail한 과정이 없이 결과에 이를 때, 진정 예술가들에게 기대하고, 스스로 갈망하는 그 세계에 도달하지 못하며, 서로 허탈감만 갖게 된다.

어색함, 아쉬움, 이해하지 못함, 신뢰도의 저하 등 감정의 연속은 결국 무의미하고 무가치한 행사 위주, 공연 위주의 일상적인 작업에만 그치게 되는 것이다.

그래서 감정 표현 능력을 육성하는 방법을 제시하고자 한다.

먼저 신체 형성 실기가 끝나고, 기본 동작 연습을 마치면 그 다음에 감정 표현 연습에 임하게 되는데 그 방법으로는

1. 여러 감정에 맞는 음악을 선택하여(감정의 특성을 고려한 적절한 음악의 선택)그 음악의 분위기에 맞추어, 어느 정도의 일반적이고 상식적인 공통적 감정 연습을 동작의 구애 받음이 없이 한다(예고 없이 즉흥적으로 음악을 제시 또는 미리 음악을 감지할 수 있는 시간적 여유를 준다.)

2. 음악이 없이 '1'의 내용으로 실시한다.

3. 각자가 음악을 선택하여 감정 표현 연습을 한다(개인이 갖고 있는 감정의 폭과 길이와 질 등의 개인차가 나타나며 개성적 능력을 발견해낼 수 있다.)

4. 간단하고 짧은 줄거리를 공통적으로 제시하여 주고, 동작의 형성과 더불어 감정 표현 연습을 하도록 한다.

5. 각자 글짓기를 해서 글에(글의 pattern은 시, 수필 등 모두 가능하다)맞추어서 내용 방법으로 상징적이고 이미지 전달 방법으로 훈련한다.

6. 즉흥적이고 순간적인 event를 제시하고 event를 분석, event에 의해 생성되는 속성 자체를 감정 표현 연습을 한다(상황의 변화, 물체의 응용 등)

7. 각 감정의 요소에 합당한 동작을 가능한 많은 양으로 추출하여(즉흥적, 반복적 연습에 의하여) 상징적인 동작 언어를 표현해내는 연습을 한다.

이상과 같은 내용과 방법으로 탐구하며 반복되어야 한다.

예술에 대하여 누군가 이렇게 말한다. "예술의 완성에는 신비적인 영감의 주입이나 신령의 가호가 필요하다고 해서, 그리이스인은 이미 신화의 시대에 구주의 무사〔Musa: 오늘날 이른바 Muse의 어운을 받들고, 그 영광을 입어 성립된 것을 Musa에 관여된 것이라는 의미에서 무스케(musiké), 오늘날의 뮤직(Music)의 어원〕라 하고, 이 용어를 가지고 음악이나 무용이나 시 등 유동적이며 파악하기 어려운 현상을 나타내는 예술을 총칭했던 것이다. 이와 같이 신비적인 영역에 접촉함으로써 자율적인 완결성을 나타내고 있는 예술은 …."[9] 위의 내용에서 알 수 있듯이 인간의 심성, 신비로운 영역인 감정의 표출과 실제 감정의 표현매체는 다양하나 그 근원은 인간의 신비로운 영의 표출 작업임을 알 수 있다.

우리는 결과도 없고 목적지도 없는 예의 길을 완성시키고자 하는 욕구를 지속화시키는 방법을 모색해야 하는 것이다. 이렇듯 미지의 세계를 표출시키는 감정의 표현은 어떤 힘에 의하여 발산이 되는가, 그것은 누구나 무한한 능력을 지니고 있기에 표현해낼 수 있다는 자신감이나 용기이다.

문일지는 춤출 때의 동기에 대하여 말하기를, "춤을 열광적으로 출 때 사람들이 끔찍하게 여기고 섬뜩하게 여기는 것은, 억압된 무의식 속에서 잘 정리된 문명 속의 꿈을 끝없이 거부하고, 파괴시키고, 점잖고, 규격 있고, 생을 카드화한 것에 대한 전면적인 도전을 춤이 하는 것이기 때문에 춤을 추려는 사람들은 마음 속에 주어진 것을 거부하고, 반역하며(춤을 추는 분들이 어떻게 생각할지 모르지만) 생명의 근원적인 것에 접하려 하는 용기가 없는 사람은 춤을 절대로 못 추는 것이죠"[10]

라고 용기의 중요성을 역설하였다.

이와 더불어 중시되고 연계적으로 따라야 하는 감정은 바로 상상력이다. 내가 어떻게 하면 슬픈 표정을 지을까, 무엇이 슬플까, 무엇이 슬펐었나, 슬픈 모습은 어떠한 것이 적절한가, 자신의 직·간접적인 체험에 의하여 무한한 상상의 나래를 펴고 그 능력을 무아지경, 곧 자기와 주변도 망각한 채 체질화, 습관화시키는 과정을 육완순은 제안한다. "상상을 사용함으로써 상상력을 기르게 된다. 그 중 한 방법으로 즉흥과정을 이용하는데, 이것은 가장 효과 있고 의미 있는 무용 훈련의 일부분으로 억제와 한정, 요구되는 테크닉 또는 부속되는 엄격한 형태로부터 해방되어 있다. 즉흥적으로 무용을 하는 무용수는 어떻게 보여질 것인가를 염려하지 않은 채 자신의 본능과 기호를 자유로이 따르면 된다"[11]라고 하였으며, "스타니스라브스키라는 배우는 무의식 중 역할에 살고 자기가 배우인 것도 관객 앞에 서 있는 것도 잊기를 요구하였다. 즉 배우의 의식적 노력은 형상과의 합일을 목표로 해야 한다고 말했다. … 배우가 무대에서 자기를 지킨다는 것은 그다지 큰 문제가 아니다. 그러나 배역의 인물이 된다는 것은 매우 어려운 일이다, 배우가 무대에서 배우 자신으로서 산다는 것은 자연스러운 일이며 특별한 노력이 필요 없다. 그러나 배역의 인물로서 살기 위해서는 배려나 궁리가 필요하다. 때문에 배우의 모든 의식적 노력은 이 '배역에 산다'는 과제로 향해야 한다"[12]라고 하였다.

배우에게 있어서 중요한 여건에 대해 "현장감과 관찰력이 있어야 한다는 점이다. 아직 체험하지 못한 것에 대한 체험 능력과 천재적 예지 또는 있을 수 있는 생활에 대한 예감 등이 여러 충동을 발전시키는 것이다. 경험하지 않은 체험을 어떻게 자기 속에 몰아넣어 변화시킬 수 있는가를 아는 것이 배우의 창조적 재능이다. …배우는 다만 민감해야 하고 정열이 있어야 한다. 그리고 배우는 적극적이어야 한다."[13]고 하였다.

이러한 개인의 능력에 의해 형성되어 가는 예술은 "예술성을 지닌 즉흥적이고 창작의 발현이며 표현에서의 본질을 말하는 것임은 말할 나위도 없다. 따라서 무용에 있어서의 즉흥은 무용의 체계에서 떠난 찰나적 여흥적인 것이 아니라 예술로 승화시키는 개인 감정의 첫 출발이라는데 의의가 있는 것이다"[13]라고 하였듯이 동작의 본질이나 예술의 특성 그리고 개인 감정의 중요성, 존귀성에 대하여 잘 표명하여 주고 있는 것이다.

공연자나 관객이나 서로 인간의 작업을 인정하고 존중한다는 데에 창작 작업은 지속적으로 생성시킬 수 있다. 비평이나 종래의 고정 관념, 양식, 개념 등에 속박되어서는 무한한 세계를 진실 되게 형성시킬 수 없는 것이다.

이상의 연구를 통해 볼 때 감정 표현 능력을 발달시키기 위해서는 용기와 상상력의 표출 그리고 이러한 표출의 자율화, 생활화를 위한 본인이 제시한 일곱 가지 방법과 더불어 더 많은 방법이 한층 연구, 적용되어서 효과적 움직임의 형성 및 표출에 근원적 요인으로 동반되어야 할 것이다.

2. 공간 형성 능력의 육성을 위한 연구

같은 환경(무대 공간의 제반 조건)에서도 동작을 하는 위치, 방향, 자세에 따라서 그 느낌은 차이가 난다.

작품이나 동작을 형성해 나가는 데 있어서 어디서, 어떻게, 어떠한 모습으로 시작하며, 어떠한 방향으로 어떠한 공간의 형성을 통해 작품의 주제, 성격, 내용을 한층 심층화, 표면화, 객관화시키며 각 동작마다 가능한 한 실효를 거둘 수 있는 형태로 구성, 연결시키는가가 중요한 문제로 대두된다.

많은 에너지, 동작 어휘, 타 종합 예술의 참여에도 불구하고 그 동작이나 동작의 공간 형성의 불균형 및 부조화로 인해 그 가치를 높이지 못하는 경우가 있다(이러한 요인은 무용 예술에 참여하는 타 요소들도 모두 갖는 공통 요인이다.)

한편, 동작 개체마다에 의미나 성격을 부여할 때 어떻게 공간에 위치하고 전개하는지 거의 습관적 또는 무의식적, 비사고적이며 때에 따라서는 추어지는 그대로 전개되어 나가는 경우도 있는 것이다. 그리고 춤 추는 것이 보여지고 관객이 보고 있다는 관념에서 관객이 보았을 때 느끼는 감명을 위한 상대적 연구가 그동안은 거의 없었던 것으로 보아도 과언이 아닐 것이다. 단지 공연자 중심의 공간 형성 모색만이 강화되어 온 것이다.

한 인간이 – 창조를 목적으로 하는 예술가 또는 예술이 그리고 실제 행위를 하는 무용수 – 이루어 내려는 작업 또한 행위, 남에게 보이며, 보이기 위하여 같이 나누며 정서를 순환하며 삶의 욕구를 충전한다. 그것이 때로는 지도자적 교육적 입장에 서기도 하는 예술적 가치를 지닌다. 막연히 춤을 추기 위하여, 춤추는 것이 좋아서, 형식적 행사에 참여키 위한 것의 의미로(일부의 소극적 사고 방식이긴 하나 결코 가볍게 넘길만한 문제가 아닌 것이다.) 동작화, 공간 형성화, 공연화된다는 것은 예술이 존재하는 한 그 예술의 질적 가치나 시대적 배경과 시간에 관계없이 예술인들이 해결해 나갈 과제인 것이다.

이러한 요인들이 문제시되었다기 보다는 오늘날의 예술의 수준과 그 수준을 비례한 기대 사이에서 완전성을 기하는 수단이며, 그에 따른 방법론의 강구라고 해야 옳을 것이다.

그렇다면 공간 형성 능력을 육성하기 위하여 어떠한 방법으로 훈련하여야 하겠는가, 다음과 같이 제시하고자 한다.

1. 선의 다양성에 대한 지식을 습득한다.

2. 선에 따른 동작을 반복 훈련한다.

3. 면의 구성에 대한 지식을 습득한다.

4. 면의 구성을 실제로 한다.

5. 위치에 대한 개념 파악을 한다.

6. 위치에 대한 인지 및 실제적으로 익힌다.

7. 반복되는 연습을 통해 즉흥적이고 새로운 공간 형성을 한다(실험적).

8. 공간의 이용에 따르는 시간, 속도, 힘의 관계에 대한 역학적, 물리학적 원리의 이론과 실재를 익힌다.

9. 다른 형태의 동작을 같은 공간 형성 또는 다른 공간 형성으로 반복 훈련하여 생성되는 느낌을 감지하고 익혀서 체질화시킨다.

10. 공간의 크기 및 조건의 변화에 따르는 동작마다의 변화, 확장 및 축소에 대비, 훈련을 실시한다.

이상의 내용과 방법으로 공간 형성 능력을 향상시킬 수 있다고 본다.

오랜 시간 무용을 했음에도 공간에 위치하고 보면 그 많은 동작 언어를 배우고 훈련해온 것이 무색하게 공간에 지배당하고 위축되는 경우가 많다.

단순한 용기로 그 상황을 극복할 수는 있으나 항상 일시적이고 일관성이 없는 공간에 대한 지식으로 시·공간 예술인 무용을 만들기가 어려운 것이다. 변시지는 말했다. "구조 건물은 무한한 중량을 가지고 있는 것으로 우리 눈에 보이는 것은 그것이 돌이라는 선입감 때문일까, 그렇다면 딱딱하고 차가운 대리석의 나체상은 어째서 부드러운 육체로 보이는 것일까? 그것은 선의 방향이나 표면의 넓이 등에 의한 시각적 성질 때문일 것이다."[15] 이와 같이 석조 건물과 대리석의 나체상에 견주어본 그 감각적이고도 명쾌한 관찰력과 이론이 무용 예술에도 깊이 있게 다루어져야 할 것이다.

이러한 사실이 우리들에게 기초적이고도 상식적인 뒷받침을 해주는 내용은 다음과 같다. "선을 구별하면 직선과 곡선으로 나누어지는 데 선에 의한 형으로 또는 선으로 분할된 면 등으로 나타날 것이다. 일반적으로 직선은 명쾌, 단순, 힘 있는 남성적인 강한 인상을 주며, 반대로 곡선은 우아함과 유연한 여성적인 감을 주는 것이다. 즉 다이내믹한 남성적 직선에 비하여 섬세한 여성적 곡선은 자유 곡선과 기하학적 곡선으로 나눌 수 있는데… 대체적으로 수평으로 뻗어나가는 선은 평화로움과 안정감을 주며 상·하 수직으로 발전하는 선은 엄함과 긴장감의 인상을 주는 것 또한 통례인 것이다. … 면을 점이나 선으로 간주되지 않는 모든 형태, 즉 평면 형태는 바로 면인 것이다. 평면으로 된 어떤 형의 외곽을 나타내는 개념적 선은 형태 면을 위해 존재하고 있다. 그런 점으로 보아 어떤 형의 외곽선이 형태를 만들어 주고 그 만들어진 형태 전용적(全容積)은 곧 면이 되는 것이다."[16] 이렇듯 우리가 늘상 대하는 단어, 공간 형태이면서 극히 단조롭고 대수롭지 않게 여겨지는 습관으로 작은 부분이 큰 결과를 형성한다는 의미를 상실하게 된다고 본다. "선은 물체를 추사하는 가장 기본적인 요소가 됩니다. 선에 의해서 사물의 형태와 윤곽이 생기게 되고 선에 의해서 가장 기본적인 느낌이 다르게 나타납니다. 모든 조형 활동에 있어서 선은 가장 기본이 되는 모체라고 할 수 있습니다. 선은 사람의 성격이나 그리는 용구와 사람의 개성, 감정, 기교에 따라 예리하게, 섬세하게, 부드럽게, 연약하게, 엄격하게, 육중하게 나타납니다"[17] 라는 내용은 각주15의 말을 좀더 강조하고 포괄적으로 함축성 있는 의미를 띠고 있다.

각주 16의 "선은, 사람의 성격은 물론…"에서 끝까지의 내용을 무용에 대입시키면 무척 공감이 높은 이론이 유출된다. 즉 춤추는 사람과 춤을 만드는 사람 그리고 연습과정, 환경 및 공연 환경에 따라 그 무용 예술이 표현하고 있는 선의 분위기는 달라질 수 있는 것이기 때문이다. "선은 곧 표현하는 사람의 감정과 사상은 물론이고 예술 그 자체일 수도 있는 것입니다. 자기 마음껏 개성적인 선을 긋고 그릴 수 있으면 이미 조형의 기본적인 자질이 있다고 할 수 있습니다"[18]에서와 같이 무용수 또는 무용가가 자기의 개성을 자유자재로 표현해낼 수 있다면, 일단 그 능력과 자질은 인정할 수 있는 것이다.

동작만의 습득 또는 구성으로써 형태적인 면모의 무용 예술의 길만 추구하는 것이 아니다. 그 개개인이 표출해낼 수 있는 진실된 영의 표현이 모든 형상에 근본이 된다.

이에 무용 예술의 중요한 부분을 차지하는 선, 면 등 공간의 개념 및 실제의 연구와 훈련은 필수적인 것이다. "선에 의해서 입체를 표현하며, 선은 길이, 속도, 굵기, 색깔에 따라 느낌을 자유롭게 표혈할 수 있다. 가는 선은 방향을 느끼게 할 뿐만 아니라 공간을 분할하고 있는 것 같은 감도 든다"[19]고 하며 선의 각도에 따른 느낌, 각도의 움직임에 따른 느낌(한중호, 구성, p.36 참고)등으로 체계적 · 유기적 이론을 제시하였으며 "면의 구성에서의 기본 요소를 들어본다면 주어진 면의 활용, 형을 만들 때의 크기 조정, 겹쳐진 형의 질서, 주역과 보조역의 구분 등이 된다. 이러한 요소를 알아두기 위해서는 점, 직선, 곡선, 원, 삼각형, 디각형 등의 기본적인 특성을 충분히 이해하지 않으면 안된다"[20]고 하여 공간의 실제적 형성을 위한 그 기초적 이론의 습득을 강조하였다.

「평면 디자인 원론과 입체디자인 원론」[21]을 보면 평면 디자인 원론에서는 점, 선의 개념과 그리고 선 전체의 모양에 대한 개념, 선 자체, 선의 양단으로써 상세히 설명되어 있다.

입체 디자인에서는 2차원의 세계, 3차원의 세계의 설명과 더불어 2차원 디자인의 요소(개념 요소 : 점 · 선 · 면 · 양, 시각 요소 : 형태 · 크기 · 색채 · 질감, 상관 요소 : 위치 · 방향 · 공간 · 중량감)와 3차원 디자인의 요소(개념 요소 : 점 · 선 · 면 · 양, 시각 요소 : 형태 · 크기 · 색채 · 질감, 상관 요소: 위치 · 방향 · 공간 · 중량감, 구조 요소 : 정점 · 모서리 · 면)등으로 전개되어 있다.

이상의 조형학적인 공간의 이론과 더불어 공간에서 체험을 수반해야 하는 것이다. "움직임은 공간 내에서 존재한다. 무용수에게 있어서 공간은 위치와 면적의 잠재적 가능성을 의미한다. 위치는 무용수가 움직이는 방향과 마루 위에서의 수평성과 연관성을 갖는다. 면적이란 무용수의 움직임의 크기를 말한다. 방향, 수평선, 면적은 상대적이다. …
좀더 자세히 설명하면 면적이라는 말은 무용수가 공간 삼아 마루 위에
서 움직이는 범위와 관계되고, 종종 넓이와 범위에 대해 극적인 의미를
주는 크기가 커지는 것은 이미 취한 동작과 관계되며, 또한 사용할 수
있는 전체 무대 공간에 의해 제한 받게 된다. 방향, 수평성, 면적은 무
대 공간 뿐만 아니라 관객의 관람 위치와도 관계된다. … 움직이는 형
태는 공간 속에서 어떤 구도를 창작해내는 것이며, 보여주는 효과 이외
에 동작과 거기에 숨은 의미와의 일정한 관계를 창조해내는 것이라는
점을 아는 것이 중요하다. 무용수가 공간에서 움직일 때 그의 동작을
통해 생기는 의미는 확실히 그가 공간을 움직이고 있다는 사실에 의해
더욱 증대된다. 시각적 효과와 그에 내포된 의미 모두가 관객에서 전달
되어야 한다"[22]라는 내용은 앞서 밝힌 내용을 무용인으로서 현장 체험
을 통해 입증할 수 있는 사실적, 결론적 사실이 되는 것이다.

　본인이 앞서 제시한 열 가지 항목의 꾸준한 연구와 훈련을 거듭하여
효과적 움직임을 위한 노력을 하고, 공간에 대한 지식과 그에 따른 무
용인으로서의 실제적 도입 및 응용 그리고 공간 형성 능력의 향상 및
개발에 목적을 두어야 하며, 나아가서는 무용 예술만이 지니는 공연 예
술의 특징을 한층 살려나가야 할 것이다.

3. 구조적 동체 형성력 육성을 위한 연구

　공간 형성은 움직임이라는 점이 공간에 어떤 선과 면으로 또한 어느
위치로 형성해 가는가였다면, 구조적 동체 형성이란 감정을 표현하며
동작을 형성해 가는 인체가 어떤 선과 면 그리고 어느 정도의 높낮이

그리고 속도와 힘으로 동작하는가 하는 것이다.

가령 한 무용수가 환희에 찬 표정과 동작으로 무대 중앙에서 정면으로 무대 전면에 4초간의 음악의 흐름 속에 나와야 한다. 이때 얼굴의 높낮이와 방향, 몸의 방향, 그리고 움직이는 다리와 발의 방향과 속도, 그리고 무용수가 4초간에 무대의 크기에 따라 어느 정도의 힘으로 나와야 하는가하는 숙고 없이 동작만 터득하고 느낌으로만 춤을 춘다면 그것을 예술이며 학문이라 명명할 수가 없을 것이다. 거의 진실한 완벽에 가까운 노력에 의한 동작이라면 거의 이론적 바탕 및 숙고 없이도 예술의 진가를 표출해내기도 한다. 무용 이론이 부족했을 때의 선조 예술가들의 경우 그리고 진리란 가장 위대한 이론이라는 개인적 견해에서 보기에는 같은 동작인데도 엄밀히 추는 사람 또는 동작을 만들어가는 안무자의 자세에 따라 극히 달라지며 본래 의도한 것이 구체적으로 전이되지 않으므로 해서 전혀 다른 춤이 되는 경우도 있는 것이다.

운동과 같이 기록이 본질이 되어서는 안되겠으나 막연한 훈련을 통해 실효를 거두려고 하는 것이 우매한 일이라 할 수 있다. 요즈음 같이 메커니즘 시대엔 무대와 무대의 구조를 이해해야 한다. 예를들어, 회전 무대를 사용할 때 안무자가 원하는 시간에 무대가 한 바퀴 돌고, 무용수는 시간 안에 동작을 끝내야 한다. 그렇다면 마치 정확한 기록 경기와도 같은 훈련이 되어야 하며, 그에 따른 동체의 구조적 분석이 있어야 하는 것이다.

좀더 실질적인 예를 든다면, 우리의 감정에 따라 사람들의 표정이나 몸의 자세는 모두 다르고 자연스럽다. 그런데 무용 예술이라는 작업이 동작 언어를 만든다는 데에 그 목표를 두다 보니 어느 경우는 타당성,

일반성, 상징성이 결여된 형태를 낳기도 한다.

내가 만약 누구를 몰래 따라가는 동작을 한다면, 너무 반가운 상황일 때, 너무 괴로운 상황일 때… 등으로 요구 받고 있는 감정을 작게 크게 표현할 때의 그 양상은 우연히 일어나는 현상 같으나 이는 엄밀히 계산된 움직임을 하거나 만들어야 하는 것이다. 이러한 의미에서 저자는 제1회 정기 공연(1985년) 중 "비나리"(일명 사은무)에서 동체가 표출해낼 수 있는 선, 면, 속도감, 동체의 높낮이 등을 수반한 실험작을 안무하고 공연하였다.

지도자가 피지도자에게 어떤 상황을 던진다(막상 실생활에서 어떤 상황에 접하며 그때 일어나는 모든 현상은 진실의 극치를 이룬다.). 그러나 피지도자는 어찌할 바를 모른다. 한 걸음, 한 걸음, 한 동작마다에 엮어져 나온 그 모습은 만들려고 하는 의욕이 먼저였기에 공감이 없었다. 만약 무엇을 만들려는 것보다 표현하고자 하는 욕구가 앞선다면 보다 많은 공감대가 형성되었을 것이다. 그런 다음 동작 하나 하나마다 의미를 묻는다. "얼굴은 왜 그렇게 했니, 손은 그리고 다리는 그리고 몸은…." 대답을 할 수 있음은 본인의 표현 욕구가 좀더 분명하고 강하였기 때문이며, 대답을 할 수 없음은 막연히 만들거나 소극적으로 만들기에 급급했기 때문이었을 것이다(개인적으로는 성격 차이로 인해 표출되는 과정 및 시간, 표현욕의 용기가 다를 수 있음을 밝힌다.).

움직이는 사람은 누가, 왜, 어디서, 무엇이, 어떻게, 무엇을 위해 움직이고 있는가, 즉 육하 원칙에 따른 적어도 의미가 있는 행위를 해야 하는 것이다. 그러므로 자기 행위를 참 사랑하고 소중히 하며, 상대적 행위 역시 존중할 수 있는 상호 유기적 관계를 유지할 수 있는 것이다.

이것이 또한 창조의 작업에 참으로 박차를 가할 수 있고 실효를 거둘 수 있는 원천적 정신이라 할 수 있겠다.

이상의 내용으로 동체의 구조적 형성의 필요성을 강조하면서 다음 과 같은 구조적 동체 형성력 육성안을 제시한다.

1. 인체의 구조 및 가동 범위를 파악한다.

2. 공간 이동 없이 인체의 변화를 통한 표현 가능성을 체득한다.

3. 공간 이동을 하면서 인체의 변화를 통한 표현 가능성을 체득한다.

4. 최대한의 인체의 응용을 통해 동작 언어의 무한성을 파악한다.

5. 문학적 요소의 다양성에 의한 동체의 변형을 실시한다(감정 요인 포함).

6. 추상적·실험적 접근에 의한 동체의 변형을 시도한다.

7. 두부, 구간, 다리, 팔, 손, 발 등의 분류에 의한 통합적·비통합적 동체 형성을 실시한다.

8. 각자 행위에 대한 변증법적 보고서를 작성하며 토의한다.

이상의 안을 통해서 우리는 우리의 행위에 좀더 친밀하고 자신 있게 접할 수 있다고 본다. 「박명숙, 육완순의 무용·연극 요법」에는 구조 적 동체에 대한 것을 동작의 대상이라 하여 세 가지로 분류 설명하고 있다.

"1. 신체 자각(무엇을 움직이나)

우리의 신체를 잘 조절하기 위하여 전체적으로 신체를 알아두 고 각 부분이 분리되고 조정되었을 때도 알아둘 필요가 있다.

2. 균형

우리는 신체의 양 부분을 동시에 사용할 수도 있고 한 쪽만 사용

할 수도 있다.

3. 형태

우리 몸은 뻗고, 구부리고, 돌리고, 비트는 자연적 능력이 있는데 이로써 반듯하고, 둥글고, 뾰족한 여러 가지 자세를 취한다.

라고 하여 인체 이해에 대한 것과 인체에서의 균형 및 운동의 형태적 분류를 제시하였으며" [23]

또 최정자는 신체의 특성을 이렇게 말한다.

"첫째, 몸통을 들 수 있다. 무용의 힘, 변화, 율동, 긴장, 무용의 매력을 위한 기본적인 표현의 중심 역할을 한다.

둘째, 사지가 있다. 팔과 다리의 움직임의 능력은 심오한 움직임의 언어를 만든다.

셋째, 관절이 있다. 어깨의 기능은 움직임의 범위, 힘, 탄력, 아름다움을 통해서 팔을 몸통에 연결시키고, 엉덩이의 기능은 힘과 유연성을 갖고 다리의 선을 몸통에 연결시킨다.

넷째, 머리 부분이 있다. 머리를 돌리고, 숙이고, 맞대고 하는 변화로 움직임의 의미를 완전히 바꿀 수 있다.

다섯째, 몸의 표면이 있다. 도식적으로 보면 전면, 후면, 측면인 사면이 있고 문자적으로 등과 어깨, 가슴, 배, 옆구리, 늑골, 둔부, 사타구니, 팔, 다리의 표면, 안쪽, 바깥쪽, 위쪽, 손, 손끝, 손바닥의 표면, 손등, 엄지손가락, 머리의 표면, 눈, 입, 머리카락, 귀, 목구멍, 목 뒤, 뺨 등 여러 종류의 조직이 안무가에게 주어지고 관객에게 보여진다" [24]라고 하여 각주 22의 내용을 좀더 구체화하여 해부학적 분석을 하였으며 그에 따른 움직임의 다양성 및 개발성에 대한 의미 부여를 심층화하였다.

그렇다면 동체를 실제적으로 훈련시킬 수 있는 요인들을 보자.

"직선 : 이지적, 남성, 강직, 단순, 의협심

　수평선 : 서정적, 심상, 안정, 여유

　곡선 : 여성적, 우아, 유순, 자유

　기하 곡선 : 확실, 조직적, 수련, 고상, 이기적

　S커어브 곡선 : 우아, 매력, 융통성

　굵은 선 : 신중성, 용기, 담대, 우순

　기는 선 : 예민, 신경질적, 날카로움" [25]

등의 분류를 통해서 적용시켜 나갈 수 있으며, "우리의 동작에는 세 가지 특성, 즉 energy, space, time등이 작용한다. 동작자체는 여덟 가지 기본 형태로 구분되어 있다"[26]고 하여 다음과 같이 제시하였다.

동작(actions)	요소(elements)
밀어내기(Thrust)	강함 - 곧음과 돌연성
누르기(Press)	강함 - 곧음과 지속성
비틀기(Wring)	강함 - 유연성과 지속성
내리치기(Slash)	강함 - 유연성과 돌연성
털기(Flick)	약함 - 유연성과 돌연성
두드리기(Dab)	약함 - 곧음과 돌연성
매끈하게 하기(Glide)	약함 - 곧음과 지속성
뜨기(Float)	약함 - 유연성과 지속성

「오율자 역, 무용교육 입문」[27]에서는 동작 구간에 대한 일반적 질문 열여섯 항을(p.61-62 참고) 제시하여 사용 여부와 관계없이 다른 무용수의 동작을 이해하는 능력과 감각을 높이는 데 필요하다고 하여 그 질문에 대한 필요성을 강조하였다. 곧 이 말은 앞서 본인이 밝힌 육하원칙에 해당하며, 또 춤추는 이가 먼저 남에게 보이기 전에 자기 스스로 자기 행위에 대해 책임을 지며 긍지를 갖는다는 의미처럼 역설적으로 질문의 필요성을 강조하고자 한다.

즉 "소크라테스가 사고했던 것처럼 인류는 자신을 파악하고자 움직여야 한다고 인식하고 있었다. 우주의 힘을 이용 또는 역이용하여 신체를 움직여서 현실의 대상을 발견할 수 있으며 동작을 통하여 인간으로서 존재를 발견할 수 있는 것이다"[28]라는 이상의 분류처럼 선과 동작의 특성에서 생성되는 요소들에 의해 훈련함과 더불어 운동의 성격, 인성의 문학적 분석, 의학적 분석, 심리학적 분석, 사회학적 분석 등 작품이 주어질 때마다 제시 될 수 있는 무한한 구조적 동체 형성 능력을 육성해야 할 것이다.

결론

　이상의 연구를 통하여 효과적 움직임을 위한 방안을 모색하여 보았다. 이론적 배경과 체험적 견해에 따른 본 연구는 현장의 실습을 통하여 많은 실효를 거두리라고 본다.

　하스퍼스(Hospers, 1918-2011)는 「Meaning and truth in the art(1946)」에서 "예술이 표현하는 본래적 의미는 재현 내용에 있는 것이 아니라 감정적 효과를 환기하는 '생의 가치'(Life-Value)이고 예술의 진리는 객관적 대상에 '관한 진리'(Truth-to)라 한다"[29]고 하였다. "예술이란 어떤 존재를 무 혹은 원초의 혼돈(choas initial)으로부터 의심할 바 없는 현전(presense)으로 그 자체를 중시하는 그리고 완전한 독자적 구체적인 현존(L'existence)으로 이끄는 것을 지향하는 그러한 방향과 동기를 가진 활동의 총체이다. 그것은 산출될 결과와 그 결과를 산출하는 원인을 판단하는 활동이며, 결코 단순히 작품을 제작한다는 것이 아니라, 이를 이끌어 정립하는 활동이다. 한마디로 그것은 건립적 예지(Lasagesse instaurative)라고도 할 수 있는데, 이 예지는 미래의 결과와 전체의 조화를 내다보고, 직관적으로 파악하고 소유하여 하나의 지도자의 지식을 적극적이고, 구체적으로 사용하는 것을 의미하며, 이에 힘(Lapuissance)과 사랑(L' a mour)을 빼놓을 수 없는 것이다. 이러한 과정과 동기를 가진 행위에 총체가 곧 예술의 변증법이다"[30]라고 하였다.

또 "창조적 작품은 언제나 새롭고 다양한 형식을 취한다. 창조자가 진정으로 책임을 질 수 있는 모든 심각한 자아의 표현은 예술의 새로움 또는 낡은 관념에 진정한 자극을 주어야 한다"[31]라고 한 이상의 내용은, 진정 인간이 이루는 모든 작업의 바탕이요, 길이요, 목적이 되는 말이라 할 수 있다. 이런 정신을 바탕으로 본 연구의 발전적 모색 또한 진실함과 변함없는 사랑과 성실한 새로움으로 임해 나가야 할 것이다.

이에 결론을 맺으면,

1. 감정 표현력 육성을 위한 방안으로써

① 여러 감정에 상당하는 음악을 선택하여 그 음악의 분위기에 맞추어 일반적 감정 연습을 동작의 제약 없이 하며,

② 음악 없이 ①의 내용으로 연습한다.

③ 각자가 음악을 선택하여 감정 표현 연습을 한다.

④ 간단한 줄거리를 제시하여 동작 형성과 더불어 감정 표현 연습을 한다.

⑤ 각자가 작문하여 상징적 또는 설명적으로 동작 형성하며 감정 표현 연습을 한다.

⑥ 즉흥적 event를 제시하고 event의 분석, 생성되는 속성을 감정 표현 연습토록 한다.

⑦ 각 감정의 요소에 합당한 동작을 가능한 많이 추출하여 상징적인 새로운 동작 언어를 구축해내는 연습을 한다.

2. 공간 형성 능력 육성을 위한 방안으로써

① 선의 다양성에 대한 지식을 습득한다.

② 선에 따라 동작을 반복, 훈련한다.

③ 면의 구성에 의한 지식을 습득한다.

④ 면의 구성을 실제로 한다.

⑤ 위치에 대한 성격 파악을 한다.

⑥ 위치에 대한 인지 및 실제적 체득을 한다.

⑦ 반복되는 연습에 대한 즉흥적이고 새로운 공간 형성을 한다(실험적).

⑧ 공간의 이용에 따르는 시간, 속도, 힘의 관계에 대한 역학적, 물리학적 원리를 이론과 실제로 체득한다.

⑨ 다른 pattern의 동작을 같은 공간 형성 또는 다른 공간 형성으로 반복 훈련하여 생성되는 느낌을 감지하고 체득하여 체질화시킨다.

⑩ 공간의 크기 및 조건의 변화에 따르는 동작마다의 변화, 확장 및 축소에 대비, 훈련을 실시한다.

3. 구조적 동체 형성을 위한 방안으로써

① 인체의 구조 및 가동 범위를 파악한다.

② 공간 이동없이 인체의 변화를 통한 표현 가능성을 체득한다.

③ 공간 이동을 하면서 인체의 변화를 통한 표현 가능성을 체득한다.

④ 가능한 최대한의 인체의 응용을 통해 동작 언어의 무한성을 파악한다.

⑤ 문학적 요소의 다양성에 의한 동체의 변형을 실시한다.

⑥ 추상적, 실험적 접근에 의한 동체의 변형을 시도한다.

⑦ 두부, 구간, 다리, 팔, 손, 발 등의 분류에 의한 통합적, 비통합적 동체 형성을 실시한다.

⑧ 각자 행위에 대한 변증법적 보고서를 작성하여 토의한다.

이상의 결론적 빙안의 실시를 통해서 효과적 움직임을 통한 무용 예술의 내실을 기하고자 하며, "상상력(Imagination), 근면(Industry), 지성(Intelligence) 이것은 배우에게 필요 불가결한 것인데 그 중에서도 가장 절대적인 것은 의심의 여지없이 상상력이다"[32]라고 세기적인 여배우 엘렌 테리(Ellen Terry)는 말했다. 본 연구가 실제적으로 실효를 거둘 수 있게 하는 근원적인 요인은 상상력을 동원하여 표현적 동체를 자유롭게 구사하는데 있음을 다시 한 번 강조하며 결론을 맺고자 한다.

참고 문헌

- 김교만, 조영제 감수, 유한대역, 평면디자인 원론, 미진사, 1979.
- 김교만, 조영제 감수, 유한대역, 입체디자인, 미진사, 1979.
- 김채현, 민속춤에 관한 오늘의 해석, 서울시립무용단, 1988.
- 김흥우 저, 연극원리, 문명사, 1974.
- 백기수, 예술의 사색, 서울대학교출판부, 1988.
- 변시지, 예술과 풍토, 선 . 색채 . 형태에 관한 노트, 열화당, 1988.
- 아성, 무대예술입문, 도서출판 그루, 1983.
- 육완순, 박명숙 공저, 무용연극요법, 교육과학사, 1980.
- 이상일, 한국인 굿과 놀이, 문음사, 1981.
- 이숙, 김흥우, 이광래 공저, 배우예술, 우성문화사, 1980.
- 진성진, 봉상균, 이정호, 문수근, 김기숙 공저, 기초시각 디자인, 서울산업대학, 1988.
- 정태진, 미술실기기법, 금성교과서(주), 1983.
- 조동화, 춤(이어령, 문일지의 이달의 대담중), 1988.
- 최청자, 안무와 움직임, 금광, 1988.
- 한국문화예술진흥원, 연기, 공연예술총서Ⅴ, 1981.
- 한중호, 구성, 신도출판사, 1983.
- 바나드 휴이트, 정진수 역, 현대연극의 사조, 홍성사, 1980.
- 부르스터 기셀린 편, 이상섭 역, 예술창조의 과정, 연세대학교출판부, 1980.
- 브로니슬라바 니진스카, 이덕희 역, 나의 오빠 니진스키, 문예출판사, 1987.
- Eleanor Metheny, 문일지 역, 탑출판사, 1986.
- James Prnrod, Janice Gudde, Plastino, 오율자 역, 무용교육입문, 금광, 1987.
- S.W. Dawson, 천승걸 역, 극과 극적 요소, 서울대학교 출판부, 1984.

각주

1) 정승희, 민속춤에 관한 오늘의 해석중, 서울시립무용단, 1988, p.45.
2) 김채현, 민속춤에 관한 오늘의 해석, 서울시립무용단, 1988, p.17.
3) 이어령, 문일지 대담, 이 달의 대담, 춤, 1988, 5월호 p.41.
4) 이상일, 굿과 놀이, 문음사, 1981, pp.195-196.
5) 이상일, 상계서, 1981, pp.194-195.
6) 육완순, 현대무용, 이화여자대학교 출판부, 1979, p.10.
7) 세계예술대백과, 문원출판사, 1974, p.318.
8) 素野福次郎, 일본 TDK사장, 경영교육교재②, 실업인의 어록, 동광인쇄사, 1983
9) 今道友信著, 백기수역, 미론, 정음사, p.92.
10) 이어령, 문일지의 이 달의 대담, 춤, 조동화, 상계서, p.32.
11) 육완순, 안무, 이화여자대학교 출판부, 1984, p.131.
12) 아성, 무대예술입문, 도서출판 그루, 1983, p.124.
13) 아성, 상계서, p.125-126.
14) 김복희, 김화숙, 무용창작, 보진제, 1986, p.80.
15) 변시지, 예술과 풍토, 선, 색채, 형태에 관한 노트, 열화당, 1988, P.18.
16) 전성전, 봉상균, 이정호, 문수근, 김기숙 공저, 기초시각 디자인, 서울산업대학, 1988, pp.35-36.
17) 정태진, 미술실기기법, 금성교과서(주), 1983, pp.13-14.
18) 정태진, 상계서, 1983, p.14.
19) 한중호, 구성, 신도출판사, 1983, PP.35-36.
20) 한중호, 상계서, p.55
21) 김교만, 조영제 감수, 유한대역, 평면지다인 원론·입체디자인 원론, 미진사, 1979.
22) 최청자, 안무와 움직임, 금광, 1988, pp.46-47.
23) 박명숙, 육완순 공저, 무용·연극요법, 교육과학사, 1980, p.22.
24) 최청자, 상계서, p.70.
25) 정태진, 상계서, p.114.
26) 박명숙, 육완순 공저, 상계서, p.33.
27) James Penrod, Janice Gudde Plastino, 오율자 역, 무용교육입문, 1987, pp.60-61.
28) Eleanor Metheny, 문일지 역, 움직임의 의미, 탑출판사, 1986, p.133.
29) 바나드 휴이트, 정진수 역, 현대연구의 사조, 홍성사, 1980, p.86.
30) 백기수, 예술의 사색, 서울대학교 출판부, 1988, pp.120-121.
31) 부르스터, 기셀린 편, 이상섭 역(마리뷔그만 편), 예술의 창조, 연세대학교 출판부, 1980, p.107.
32) 한국문화예술진흥원 연기, 공연예술 총서 V, 한국문화예술진흥원, 1981, p.151.

한국무용의 도약에 대한 연구

운동 역학 기능학을 중심으로

3

서론

　최근의 한국무용의 경향은 극히 동적인 면으로 흐르고 있다. 과거 오색찬란한 의상 속에 가리어져 움직임의 제한을 받으며 추어졌던 모습과는 달리, 그 의상의 구속에서 벗어나 스테미너와 기술을 요하는 한국무용으로 변모하였음을 알 수 있다.

　"Kunst(독)나 Art(영)라고 하는 외국어는 예술과 동시에 기술 또는 마술이란 뜻을 가지고 있다. … 예술에 있어서 창조성과 표현의 기술성이 불가분의 것이라는 데는 이론이 없으나 문제는 이 두 요소의 비율이다."[1]라고 하였는데 이러한 창조성과 기술성의 예술성을 띤 한국무용의 모습은 최근의 모습이며 과거의 무용은 오직 미에만, 다시 말하면 '예쁘다', '아름답다' 라는 감각적, 충동적 단어를 발발시킬 수 있는 도구에 불과하다고 볼 수 있다.

　이러한 한국무용의 성격에서 창조적, 기술적인 방향으로 성장되는 과정의 특징의 하나로, 도약과 회전의 다양한 변형과 잦은걸음 걸이(총총걸음)의 많은 이용, 동작과 감정 표정이 다양하게 표현되었다. 곧 이것은 과거 마당놀이나 소극장, 소규모 공간의 춤에서 대형 무대로 빠른 증가에 따른 현상의 일면일 것이다. 그러나 무대의 대형화에 따라 조명, 무대 장치, 음악, 의상, 소품 등 그 발달 여부는 시대를 앞서갈 정도로 극에 이르는 듯하고 사용 여부는 적합한지 적합하지 않은지 모를 정도로 과다하리만큼 빈번히 쓰여 지고 있어 오히려 한국무용의 내실이 걱정될 정도인 것이다.

즉 환경 예술은 객체이고 한국무용이 주체가 되어야 하는데 무대에 작품이 올려지면 무용 자체보다 환경 예술이 요란하여 원래 의도한 무용공연의 목적을 달성할 수 없다. 따라서 무용수나 무용 작품이 완성되기까지의 과정이 옛날과 달라지지 않았다. 마치 의, 식, 주는 고도의 과학 물질문명의 영향으로 그 발전의 양상을 뚜렷이 볼 수 있는데 그것에 대응하고 수반되어야 하는 인간의 사고 양식과 관념은 옛날과 다름없는 전통적, 보수적인 것에서 탈피를 못하고 있음과 비유할 수 있는 것이다.

우리에게는 과거, 현재, 미래가 모두 중요하다. 과거 속에만 사는 듯 전통에만 치우쳐도 아니 되며 근시안적인 안목으로 오늘에 그쳐서도 아니 될 것이며, 장래의 허황된 꿈을 바라보고만 살 수는 없는 것이다. 과거의 우리의 것을 발판으로 오늘에 충실을 기하며 문제점을 타개하고 목표를 세워 앞날의 끝없는 발전을 위하는 슬기를 지녀야 할 것이다.

이러한 뜻에서 오늘의 전통의 발굴, 재현 작업이 한국무용의 종류의 확보나 보존에 그치는 작업이어서는 안 되며 창조를 위한 작업이어야 한다. 나아가 그 작업과 동시에 한국무용의 재래적 형식론과 방법론을 과학화시키고 영구성을 함양시켜서 그 어디에서나 어느 시대에나 흔들리지 않는 순수 예술이 되기를 바란다. 이에 최근 한국무용의 큰 특징 중 일면인 도약(뜀뛰기)의 사위를 과학적 분석을 통해 효율화 시키고 합리화시켜 보고자 한다. 본 연구는 운동 역학과 기능학을 바탕으로 이루어졌다.

본론

1. 기초 이론

"일반적으로 개인의 신체 운동 기능은 결점이 많거나 습관적인 운동 상태로 나타나는 것이 보통이기 때문에 하나의 예술 형식을 향한 완성된 기술을 목표로 할 때 개인의 운동 pattern은 의식적인 조정이나 변형이 필요하게 된다. 이를 보다 만족시키기 위한 수단이 무용에서의 기초 훈련이다."[2]라고 한 것과 같이 한국무용은 기본 동작은 있어도 기본 동작을 정립하여 줄 기초 훈련이 없기에 많은 춤사위는 있으나 시각의 흐름과 인간에 의해 제 나름대로 다른 의미로 많이 변형이 된다.

예를 들면, A라는 동작을 A', A" 두 사람에게 시켰을 때 여러 가지 형태로 나타나게 된다. 전혀 다른 두 형태로 나타나든가, 되는 쪽과 안 되는 쪽으로 유무의 형태로 나타나든가, 보기 좋은 쪽으로 나타나든가 보기 안 좋은 쪽으로 나타나는 등 그 동작의 결과는 무한대로 나타나는데 의도적이고 목적에 맞는 틀로 만들지 않고 습관적으로 만들어진 것을 정석으로 여기는 것이다. 이러한 맹점이 있는 것이 신체를 도구로 한

무용인데 이것을 만족시켜줄 방법을 무용이 발생한 이후 지금껏 만들지 못하고 있는 것이다. Ballet의 경우, 그 움직임이 과학적으로 분석되어진 동작이기에 현대무용을 하든 전위무용을 하든 Classic Ballet의 기초훈련과 기본 동작을 거치지 않고 하는 것이 거의 없는 것이다.

이렇듯 한국무용에도 지배적인 기초 훈련과 수반되는 기본 동작의 필요성을 느끼게 된다. 그러한 문제를 해결하는 데 필요한 운동 역학과 기능학이란 무엇인가?

1) 운동 역학이란?

"물체에 힘을 가하면 운동의 방향이나 속도가 변하거나 변형되게 된다. 사람의 몸도 하나의 물체인 까닭에 밖에서 받는 힘에 따라 다른 물체와 같은 영향을 받는 것이다." [3]라는 전제하에 보이지는 않으나 느껴지는 '힘'에 의하여 일어나는 현상을 연구하는 학문이다. 그러나 이 힘이란 "물체의 저항을 충분히 이길 수 있을 만큼의 힘이 물체에 작용해야 그 물체는 운동을 하며, 뼈에 붙어 있는 근육도 다른 힘과 같은 원리에 따라 같은 성질을 가지고 있다. 그러나 단지 근육은 언제나 당길 뿐 밀지 못한다는 점"[4]을 무용하는 우리들은 인지하여야 할 것이다. 또 힘을 잘 이용하려면 "힘의 크기, 방향, 작용점"[5]에 대하여 알아야 할 것이다. 힘의 공식을 참고로 알아보면

$$F = ma \text{ 또는 } F = \frac{mV}{t}$$

F=힘 m=힘이 적용된 물체의 질량
V=속도 t=힘이 작용하는 시간
a=가속도

이상과 같이 힘은 위의 공식을 통하여 일어나는 것이다.

2) 신체 기능학이란?

"사람의 몸은 대단히 복잡하고 또 정밀한 기계인 동시에 그것이 성장하고 또 그 기능은 훈련에 의하여 향상되기도 하는 특성을 지닌 기계적인 것이다. 단일 기계 또는 계열적 구조의 기계군이 합리적으로 배치되어 있어서 필요에 따라 부분적으로 가동하기도 하고 또는 전체적으로 가동하기도 하는…"[6] 이러한 신체의 기능을 연구하는 것이다. 우리는 걷기, 달리기, 뛰기, 던지기, 치기, 차기, 밀기, 당기기 등 모든 기본적인 운동이 자유롭게 마음대로 움직여지고 자연 발생적으로 움직여지는 것이라고 볼 수 있으나 물체나 기계에서 일어나는 물리적, 기능적인 과학적 움직임과 유사한 움직임이 우리의 인체에서도 일어나고 있음을 알 수 있는 것이다.

2. 도약의 실제와 역학적 분석

(자진모리 한 장단을 기준으로 하였다.)

(실제) 하나.둘 : 제자리에서 구른다.

　　　셋 : 두 다리를 모든 채 앉았다.

(형태) 하나.둘 : 어깨춤을 추면서 발을 굴러준다.

셋 : 엉덩이를 빼지 말고 똑바로 앉는다. 발뒤꿈치는 들고 엉
　　　덩이와 붙여질 정도로 앉고 허리를 편다.

　넷 : 어깨를 내리고 몸을 똑바로 하고 위로 힘껏 뛰며 떨어질
　　　때는 소리 없이 떨어진다.

　(방법) : 어떠한 방법으로 뛰든지 한국무용에서는 상관하지 않는다. 어깨춤은 어깨선과 목이 붙지 않게 아름다운 선을 유지하며, 엉덩이는 앉을 때 빼면 외관상 아름답지 못하기 때문에 빼면 안 되고 뛸 적에는 몸을 가볍게 하여 뛴다. 즉 힘껏, 능력껏 뛴다는 방법론 외에는 없다.

　(분석) : 도약에 수반되는 원리들을 보면,

　① 역적

　운동량에 관해서 운동량 보존의 법칙과 함께 중요한 관계를 가지는 것이 역적이다. 질량 m의 물체에 힘 F가 시간 t만큼 작용한 결과 속도가 V1에서 V2로 변했다면 뉴톤의 운동 제2법칙에서 $mV2-mV1=F.t\cdots$ 이러한 관계가 유도된다(체육교육 자료총서 ⑥해부기능학, p.210 참고).

　이 식에서 좌변은 운동량의 변화, 우변은 힘과 그것이 작용된 시간으로 이것을 역적(impulse)이라고 한다. 다시 말해 운동량의 변화는 그 역적과 같다는 뜻이다. 실례를 보면 우리가 도약을 할 때 마루에 두 발이 접촉하여 있는 시간은 극히 짧은데 그 순간에 몸의 위치가 거의 변화하지 않는데도 불구하고 속도는 충돌 전후와 비교해서 크게 변화한다. 즉 극히 작은 t와 지극히 큰 F와의 사이에서 발생하는 타격이나 충돌을 의미하는, 즉 충격력이라 볼 수 있다. 그러면 이러한 충격력을 크게 할수록 많이 뛸 수 있다는 결론이 나올 수 있다.

② 충격을 크게 하기 위한 동작, 충격을 될 수 있는 한 크게 하려는 운동에서 운동량의 변화가 길어지지 않도록 해야 한다. 운동 욕구로 목적물을 때리는 sports의 경우 때리는 순간에 손목을 쓰며 꽉 잡는 다는가, 직접 손과 발로 치고 차고 하는 운동도 그 동작의 순간에는 손이나 발은 물론 전신이 긴장되어야 한다는 것이다.

즉 이 말은 어떠한 운동을 할 때 목적물로부터 받는 반동력으로 어느 부위가 조금이라도 후퇴하면 힘의 작용 시간이 길어져서 충격력이 약해진다는 것이며 몸 전체를 긴장시키는 것은 전신의 운동량을 한 부분에 집중시킴으로써 힘의 투적 효과인 역적도 크게 할 수 있기 때문이다(해부기능학, p.211 참고). 한국 무용에서 실제로 보면 뛰기 위하여 앉았을 때 엉덩이를 집어넣고 허리 부위를 똑바로 하며 발뒤꿈치를 들어서 발가락 부분을 댄 채 바로 뛰게 하는 것은 외관상의 문제보다 사실 운동량의 변화가 길어지지 않게 하기 위한 자세인 것이다. 엉덩이를 빼고 발바닥 전체를 바닥에 대고 앉았다가 뛴다면 긴장이 풀어진 자세로써 충격력이 약해지기 때문에 높게 뛸 수 없고 힘이 들게 되기 때문이다. 다음 높이 뛰어진 우리의 중량이 바닥에 떨어질 때 소리를 내지 않고 조용히 떨어져야 한다. 이 말은 충격력이 약해야 한다는 말이다. 그렇다면 충격력을 약화시키는 원리는 무엇인가?

③ 충격을 약화시키기 위한 동작

ㄱ. 운동량의 변화가 긴 시간 동안 이루어지게 한다.

ㄴ. 운동량의 변화가 긴 거리 사이에서 이루어지게 한다.

ㄷ. 운동량의 변화를 회전 운동 형식으로 받게 한다.

ㄹ. 운동량의 변화를 넓은 면적으로 받게 한다.(해부기능학, p.212 참고)

이와 같은 원리를 한국무용의 도약에 적용을 시켜보면,

ㄱ→점프해서 착지할 때 발끝에서부터 차츰 발 전부를 닿게 한 다음 무릎을 굽히고, 엉덩이 부분을 바닥 면으로 가까이 내리게 된다. 즉 중심을 아래로 내리게 한다는 것이다.

ㄴ→높이 뛰면 뛸수록 바닥과 발바닥과의 충격이 약해서 소리가 덜 나게 된다. 흔히 몸이 무거워서 높이 못 뛰고 바닥에 '쿵', '쾅' 소리를 낸다는 의성어를 쓰며 한국무용의 도약의 비방법론적인 모순을 나타내고 있다.

ㄷ→우리의 인체의 뼈의 모든 구조는 축 운동을 함으로써 다리의 관절, 발과의 관절에서 회전 운동을 일으키고 있다.

ㄹ→운동량의 변화를 넓은 면적으로 받으려면 발바닥 전부가 닿아야하며 다리와 다리 사이를 넓혀서 떨어져야 한다는 이론이 성립이 되는데 실제 한국무용은 착지할 대 두발을 팔(八)자와 같은 형태로 놓기 때문에 충격이 많아져서 소리가 나게 되는데 여러 번 연속해서 뛸 경우 긴장을 짧은 시간 풀었다가 뛰어야 하는 어려운 문제가 있으므로 도약의 동작에서는 많은 훈련을 요하게 된다. 그렇다면 이러한 훈련과 관계된 성질의 원리는 바로 탄성인 것이다.

④ 탄성이란?

어떠한 물체에 외력을 가하여 변형시켰다가 외력을 제거하면 원래의 모양으로 되돌아가는 성질을 말한다(해부기능학, p.223 참고).

장대 짚고 뛰어 장대가 펴지면서 손을 떼어 장애물을 건너는 것이나 용수철이 완전히 접혔다가 펴지면 위로 튀어 오르는 성질의 것이 탄성인데 한국무용에서는 발과 하지체, 하지체와 상지체, 상지체와 관골에 이르기까지의 각 부위가 굽혀졌다가 펴지면서 굽힐 때 주었던 힘을 없애면서 위로 튀어 오르는 것, 또 용수철로 구부러진 용수철이 바로 위로 튀어 오르지 못하고 비뚤어지게 튀어 오르는 것이나 뛰기 위하여 다리를 구부려 앉았을 때, 허리와 엉덩이 발 부분을 수직으로 똑바로 펴면 높이 뛸 수 있고, 그렇지 않고 엉덩이를 빼고 허리를 구부리고 발 부분을 바닥에 전면을 붙이면 똑바로 튀어 오르지를 못한다는 현상이나 같은 것이다. 또 이러한 탄성은 충격을 완충한다는 결론에 도달하게 된다.

⑤ 자세의 안정성

인체에 미치는 중력의 작용에 관한 원리이다. 움직이는 인간에게 가장 근본적으로 또 선천적으로 지니고 있는 이 안정성은 곧 무게의 중심을 말하는 것이다. 항상 물체 안에 있는 것이 아니라 물체의 위치에 따라 바깥 공간에 있는 경우도 있다(해부기능학, p.229 참고).

따라서 사람의 무게 중심은 동작에 따라 항상 이동되고 일정하지 않은 점을 유의해야 한다.

자세의 안정성을 크게 하는 요인들을 보면,

ㄱ. 무게 중심의 위치가 낮을수록(착지할 때 많이 앉는다.)

ㄴ. 무게 중심선이 밑면의 중심에 있을 때 무게 중심선은 the line of gravity를 말하며 밑면의 중심은 the center를 말하는데 그림으로 그 실제를 보면 다음과 같다.

ㄷ. 밑면이 넓을수록(the base of support)

ㄹ. 질량이 클수록

ㅁ. 마찰이 클수록

스파이크는 마찰을 크게 하기 위하여 사용된다.

스케이트와 빙판은 마찰이 적기 때문에 잘 미끄러져 나가는데 잘 미끄러져 나간다는 것은 곧 불안정하다는 것을 알 수 있다.

ㅂ. 외력이나 충격에 적응될 때

ㅅ. 분절(segment)이 잘 이용될 때

사람의 몸은 여러 마디로 분절 되어 있다.

ㅇ. 조절 기관이 생리적으로 기능을 앓지 않을 때

ㅈ. 심리적으로 안정성이 있을 때

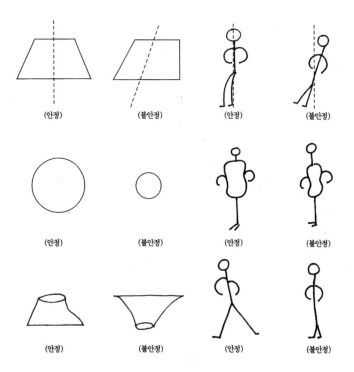

앞서 말한 바와 같이 자세의 안정성은 움직임에 따라 다르며 운동에 따라 안정성의 강약, 유무의 차이는 있다. 한국무용의 도약의 사위에 있어서도 1회 도약할 경우 안정성을 많이 필요로 하며 연속되는 도약의 사위라면 불안정성의 요인을 더 필요로 할 것이다. 이 말을 다시 바꾸어 말하면 느린 것은 안정성이 있어 보이고 빠른 것은 불안해 보인다는 말로 대변할 수 있다. 이상과 같이 도약의 사위의 역학적 분석을 하였다.

3. 도약의 기능학적 분석

도약 운동은 하지의 전 관절을 굽혔다가 맹렬하게 내뻗는 힘으로 바닥을 구르고 그 반작용으로 위로 뜨는 속력을 얻으며 중력이 밑으로 당기는 힘과의 합력으로 몸이 날게 된다. 또 구르기에서 다리를 굽히는 정도는 다리의 힘에 비례되어야 하며 점프하기 전에 바닥을 구르거나 차오르는 것은 관성을 이겨내는 힘을 가해서 높이 뛸 수 있기 때문이다 (뉴톤의 제3법칙, 해부기능학, p.265 참고). 다리의 근육을 폄으로써 탄력성을 증강시켜주고 근육은 신전된 뒤에 더욱 수축이 빨라지고 힘도 강해진다. 즉 강한 사람은 많이, 약한 사람은 그만큼 작게 한다는 결론에 달한다. 한편, 점프 시 최고의 높이에 달하기 직전에 다리나 팔을 밑으로 급격히 펴면 몸의 무게 중심이 좀 더 올라가서 유리해진다(해부기능학, p.229 참고).

따라서 모든 힘과 동작은 될 수 있는 한 수직에 가깝게 작용되어야 하며 수직에 가까우면 가까울수록 점프는 유효하게 작용되며 최대의 힘을 내려면 신체의 메커니즘(기능)을 이해하고 관절에서 관절로 힘이

전달, 집약되어야 하는 것이다. 이상의 도약에 필요한 기능학적인 원리를 정리 보충하여 보면,

① 신체 운동은 반드시 관절에서 이루어진다. 따라서 관절의 구조에 의해서 운동의 종류와 범위가 결정된다.

② 신체는 스스로의 힘에 의하여 운전되는 기계이며 그 힘은 근육의 수축으로 얻어진다.

③ 관절을 지점으로 하고, 그것을 건너선 근육의 기시점(origin)과 부착(insertion)이 관절의 회전 능률을 결정한다.

④ 신체 운동은 거의 회전 운동으로 이것이 모여 추진 운동을 한다.

⑤ 운동을 능숙하게 한다는 것은 최소의 근력으로 최대의 일을 성취한다는 것이다.

⑥ 이와 같이 가장 경제적인 운동이 가장 합리적이며 자연적인 운동으로써 그 동작은 아름답게 보인다.

⑦ 신체는 항상 중력을 받아 선 자세가 불안정하나 자세 반사 작용에 따라 몸의 균형을 지탱한다.

⑧ 신체 일부분의 운동량은 전체에 전이되며 전체의 운동량은 일부의 운동량을 나누어준다.

⑨ 모든 물체는 중력의 가속도를 받으며 또한 관성을 가지고 있다. (해부기능학, p.342 참고).

한국무용의 도약의 사위에 비유하면,

ㄱ→앞서 말한 segment(분절) 작용이 마디마디에서 끝나는 것이 아니라 하지대의 전체 마디가 연력, 연속되어 도약을 할 때 다리의 한 덩어리가 움직이듯 보인다.

ㄴ→관절에 의한 도약의 사위는 근육의 수축의 반작용으로 할 수 있는 것이다.

ㄷ→관절과 관절사이, 즉 엉덩이와 상지체가 축 운동을, 상지체와 하지체가 축 운동을, 하지체와 족골이 축 운동을 하는 것이지 단지 다리가 펴진다고 생각하고 도약의 사위를 추는 것은 비효과적이고 비과학적 관념인 것이다.

ㄹ→'ㄷ'에서 말했듯이 다리가 펴졌다고 하는 그 생각은 추진 운동인 것이다.

ㅁ→최소의 근력으로 최대의 일을 성취할 수 있는 것은 훈련을 해야 한다는 것이다. 즉 잘 훈련된 근력이 많이 뛸 수 있으며 훈련되지 않은 근력이 많이 뛸 수 있으나 운동량을 많이 필요로 하며 도약의 사위에 가속과 관성에 의하여 움직이지 못하고 '힘'으로 하기 때문에 아름다운 춤을 보여줄 수가 없다.

ㅂ→힘을 들여서 추는 춤은 감정, 표정 등 힘을 억제할 수 없기에 체조와 같은 느낌을 주며 훈련이 되어 능숙히 추어지는 모습은 보는 사람으로 하여금 힘을 못 느끼기 때문에 예술의 경지를 감상할 수 있으며 하는 이도 역시 완만함과 여유를 보여 줄 수가 있다.

ㅅ→인체는 선천적으로 불안정하나 또 선천적으로 안정시킬 수 있는 신경의 작용이 있다. 무슨 춤이건 과학성만을 치우치지 않아도 균형을 지닐 수 있다. 반대로 선천적인 균형성 또한 퇴보할 수 있으므로 습관적인 춤보다 사고하고 훈련되는 춤이 바람직하며 지구력과 영구성을 갖는다.

ㅇ→도약할 때, 뛰어오를 때는 일부분의 운동량이 전체로 집약되며

착지될 때는 전체의 운동량이 부분으로 전이되어 힘이 나누어짐을 알 수 있다.

　ㅈ→도약을 계속해서 할 때, 1회 할 때와 같이 많은 힘으로 속력과 높이를 조정하는 것이 아니고 훈련을 거듭하면 '저절로' 뛰어진다는 말이 나올 정도로 관성이 붙고 따라서 가속이 붙어 조금의 힘을 들여 도약을 할 수 있게 한다.

　이상과 같이 도약의 사위에 대한 역학적 기능학적인 실제와 그에 따른 분석을 하여 보았다.

결론

도약의 사위에 대하여 역학적·기능학적인 분석을 하였으나, 이 후에 필수적으로 실험이 있어야 할 것이다.

이론상으로 문헌을 중심으로 연구하였으나 100%의 완전성을 본인역시 기하지는 못하나 한 가지 분명한 것은 '오직 뛴다' 라는 의지로 '힘으로', '아름답게', '한국무용처럼' 이라는 동사와 형용사로써 오랜 시간을 추어왔고 추워온 사람들의 이 '도약' 동작에는 복잡하리만큼의 인체의 각가지 요소들이 작용하고 있음을 알아야 하며 또 '다리를 펴서 위로' 라는 추상적 이념 아래 춤을 추었는데 이것은 하나의 기계가 움직이듯 추어졌어야 했구나 하는 지식적 터득과 함께 장래를 내다볼 수 있음이 무엇보다 가치가 있다고 본다. 지금 연구한 이 '도약' 에 있어서도,

  ①팔 동작을 넣어서 뛸 때

  ②옮겨 가며 뛸 때

  ③한 다리로 뛸 때

④ 돌면서 뛸 때

등으로 여러 방면으로 연구를 거듭할 수 있으나 그것들의 근본이 되는 기본적, 기초적 자세로써 '도약'의 연구가 타 동작에 도움이 되리라고 확신한다. 최근 체육에 있어서 "Kinesiology"라는 용어가 한창이다.

"Kinesiology'란 그리스어의 운동을 뜻하는 'Kinesis'와 학문, 지식을 뜻하는' Logos'라는 단어의 결합이며 원래 운동에 대한 학문으로 정의되어 왔으나… 오늘날의 Kinesiology는 인간 운동을 다루고 있으므로, 해부학, 생리학, 물리학, 기하학과 관계가 있으며 또 그러한, 학문의 도움으로 성립된다. … 매우 복잡하게 구성된 인간 운동을 경제적이고 효과적으로 하려면 물리학적 그리고 생물학적인 법칙이나 원리를 이용하여야만 한다. … 인간 운동은 인체 운동이나 그 일부의 운동에만 뜻을 두지 않고 기구의 운동에도 뜻을 둔다"[7]라고 정의하였다.

또 "운동 능력이라 함은 체력과 운동 기술과 조화를 뜻한다"[8]라고 하고 운동 기술의 배경에는 체력의 뒷받침이 따라야 한다고 하며 체력은 운동 기술과 밀접한 관계를 가져 신체 활동의 장면에 따라 여러 가지로 표현된다고 하였다. 이러한 운동의 정의에 손색없이 한국무용도 작품마다 부가되는 힘, 기술, 작품 공연 시간의 긴장, 무대의 대폭 증대 등 체육에서 말하는 그 어느 체육의 종류 못지않은 힘겨운 운동이면서도 오직 미화 속에 뿌리를 내리우고 의상과 분장, 장치, 조명 속에서 '미'의 symbol인양 그 극치의 창조 작업을 오늘도 힘겹게 하고 있다. 이러한 작업의 무리함을 개조하고자 "인간은 자기를 사랑하는 본능의 연속으로 인생이 영위되는 것과 같이 우리 춤도 역시 그러한 상태에서 관습적인 방법이 계속 친숙 되어 왔다."고 하였으며 우리 춤 기법 신장을 위한 시론의 일면으로 "기본대의 구상"[9]을 하였으며 "한국무용 기초 교육을 위한 기본형 정립 방안으로써 Ballet의 기본 훈련 관정에 비추어 한국무용의 과학적 연구의 발전을 기하고 있다. 그 외 많은 전문가들이 연구에 임하고 있으나 여기에 또 문제가 있는 것이다."[10]

"예술가란 반드시 처음부터 시작해 가려고 하지 않고, 이미 선인들이 이루어 놓은 어떤 지점에서 출발하여 현존의 양식을 무엇인가 새로운 것으로 바꾸어 보려는 정당한 소망이 있다."[11] 라는 것과 "과거엔 원형에서 탈피하려고 했다. 그러나 현재는 그 버렸던 원형으로 돌아가야 한다는 것을 깨달았다. 새롭게 한다고 해서 원형에서 탈피하는 것을 나는 원하지 않는다."[12] 라는 두 가지의 이론이 실제 한국무용의 발전에 크게 팽팽히 대두되어 원형과 창조의 두 사조에서 갈등을 겪고 있다. 이에 본인은 그 어느 무용도 정부(正否)를 놓고 이야기함은 옳지 않으며 과거의 전통무용도, 신무용도, 창작 무용도 긍정을 하되 분명 오늘날에 남겨져 있는 것은 우리의 문화 예술의 소산물임에는 틀림이 없으므로 오직 한국무용다운, 한국무용을 위한 집약된 개인과 집단의 작업이 계속된다면 순수 예술로써의 한국무용은 영원히 그 명맥을 유지, 보존, 창조해 나갈 것이라 본다. 흔히 '그것이 무용이냐', '우리의 것이 무용이지' 등등의 편파적인 말을 듣는다. 그 어느 것도 보여줘야 하고, 보아야하며 느꼈으며, 반응이 있었기에 잔존하여 왔고 유지되어 왔음을 인정하며 그 자리에서 한 걸음 도약하기 위한 작업을 게을리 하지 말아야 할 것이다. 한국무용이 사고 없이, 땀 없이 얻어지는 작업의 습득물이 아님을 언급하며 외형성보다 내면에 충실을 기하는 한국무용의 참 모습과 참 멋을 실현해야 한다. 끝으로 한국무용에 있어 '도약'의 사위에 역학적 기능학적 효과적 원리를 정리하여 보면 다음과 같다.

1. 충격력을 크게 하여야 높이 뛸 수 있다.
2. 충격력을 강화하기 위해 운동량의 변화가 길지 않아야 한다(높이 뛰기 위한 방법).
3. 충격력을 약화시켜 착지할 때 소리가 나지 말아야 한다.
4. 탄성을 길러야 한다(분절을 이용해야 한다).
5. 안정성을 가져야 한다(생리학적, 심리학적).
6. 관절의 구조를 알아야 한다.
7. 인체는 기계와 비슷하며 인체의 운동은 근육의 수축에 의해 일어남을 알아야 한다.
8. 관절의 회전 운동에 의해 추진 운동이 일어남을 알아야 한다.
9. 최소의 근력으로 최대의 운동을 성취 할 수 있어야 능숙한 도약의 사위를 출 수 있다.
10. 역학 기능학에 입각한 원리 하에 움직였을 때 아름다운 춤을 출 수 있다.
11. 사람은 선천적으로 균형과 불균형성을 지니고 태어났다는 것을 알아야 한다.
12. 모든 물체는 중력의 가속도를 받으며 관성을 가지고 있다.
13. 위의 모든 사항은 훈련의 유무, 강약에 의해 퇴보, 발전한다는 것을 알아야 한다.

이상과 같이 모든 것은 기초적 훈련에서 형성됨을 알 수 있으며 그 훈련은 과학의 인지에서 시작되어야 가장 합리적이고 능률적이며 아름다운 춤을 출 수 있다는 것을 알 수 있다.

참고 문헌

- 방정미, 무용미학, 형설출판사, 1980.
- 문교부, 체육교육자료총성⑥, 해부기능학, 1973.
- 이긍세, 체육과학전서④, 키니시얼러지, 동화출판사, 1976.
- 한국문화예술진흥원, 무용 제3집, 1976.
- 대한무용학회, 무용학회 논문집 제1집, 1978.
- 정재화, 皮脂厚와 운동 능력과의 관계, 이화여자대학교교육대학원 논문. 1980.
- 이운철, 인천교육대학 논문집, 14집, 15집, 16집(1979, 1980, 1981).
- Rudolf Laban, 현대의 무용교육, 백록출판사, 1981.
- 송수남, 무용교육의 이론과 실제, 동아학연사, 1982.
- 권홍식, 인체해부학, 수문사. 1971.
- 권홍식 외 9명, 인체해부실습지침, 수문사, 1978.

각주

1) 방정미, 무용미학, 형설출판사, 1980, p.17.
2) 이운철, 한국무용에서의 몸의 기본 방향 및 위치에 관한 연구, 인천교육대학, 1979, p. 259.
3) 문교부, 체육교육자료총서, ⑥해부기능학, 1973, p.173.
4) 이긍세, 키니시얼러지(체육과학전서4), 동화출판사, 1976, p.70.
5) 이긍세, 키니시얼러지(체육과학전서4), 동화출판사, 1976, p.70.
6) 문교부, 체육교육자료총서, ⑥해부기능학, 1973, p.239.
7) 이긍세, 키니시얼러지(체육과학전서4), 동화출판사, 1976, p.7.
8) 水多洋, 服滿と妊娠, 名古宅大學醫學會잡지(1997) Vol. 19, No. 5, pp.303-307.
9) 한국문화예술진흥원, 무용, 제3집, 1976, p.56.
10) 대한무용학회, 논문집 제1집, 1978, p.1.
11) Fischer Ernst 河野徹譯, 藝術な向歖心要力, 東京法政大學出版局, 1971, p. 172.
12) 임효빈 발언, 좌담, 춤 음악을 어떻게 만들것인가?, 월간 춤, 1976, 5월호, p.21.

나오는 말

영적인 움직임의 중요성

한동안 실기에 몰두하며, 직업 무용수와 창작 활동에 몰두하였을 때, 한국무용을 바탕으로 한 기본 동작 이전의 몸풀이와 같은 신체 형성법에 대한 제시, 효과적 움직임, 좋은 무용을 구사하기 위한 감정 표현력 육성을 위한 연구, 공간 형성 능력의 육성을 위한 연구, 구조적 동체 형성력 육성을 위한 연구, 한국무용에 있어서 운동 역학 기능학의 적용에 대한 분석을 제시하였다(도약에 한함).

특히, 운동 역학, 기능학에 의한 모든 움직임이 무용 연습을 통하여 적용되어야 한다는 생각은 지배적이었다. 합리적, 변증법적인 무용 연습과 신체의 이해, 움직임의 이해 등을 통하여 온전한 무용을 할 수 있다고 생각하여, 늘 움직임에 대하여 관심을 가져왔는데, 그 움직임을 하는 사람에 대하여 관심을 갖는 계기가 생겼다.

교수 생활을 하면서 늘 일상적인 생각은 보통 '실력'에 있어야 한다는 마음으로 사람의 내면보다 외면을 치중해서 보았는데 어느 날 나의 생각이 물거품처럼 사라지게 되었다. 내 부모가 나보다 실력이 없고 무지하다 하여 부모가 아니라 할 수 있을까?

지식은, 실력은, 눈에 보이는 현상은 시대가 흐르고 문명이 발달 할수록, 더 고도의 수준으로 바뀌어 간다. 그렇다고 옛것은 존재 가치와 지식적인 힘을 다 잃어버리는 것일까? 그렇지 않다는 것이다.

약이 많이 발달했어도 사랑을 이길 만한 치료법이 없다고 할 정도로 사람은, 사람의 영혼, 정신, 정서, 뜨거운 사랑, 마음은 그 무엇보다도 위대한 것이다.

"실력은 있는데 사람 됨됨이가 틀렸어!" 라는 말은 우리 끼리 종종 하기도 듣기도 한다.

바로 무용, 좋은 무용을 출 수 있는 가장 중요하고 근본적인 것은 사람, 마음, 영혼에 있음을 뒤늦게 발견하였다.

가장 잘한다고 생각하는 마음은 교만이다. '나 이외에는 없다.' 고 생각하는 것도 교만이다. '나의 것이 가장 기본이다.' 라고 생각하는 마음 역시 교만이다.

이 세상에는 잘하는 것에 대한 기준이 없다고 본다. 넓은 세상으로 나아 갈수록 그 비교 기준은 점점 높아지고 어렵다. 그래서 늘 겸손해야 할 것이다. 나의 마음, 영혼, 행위를 늘 감사함으로 겸손히 다루며, 주어진 여건에서 최선을 다해야 할 것이다.

나는 틀렸다고 생각하는 것도 올바른 생각이 아니며, 나는 안 된다고 생각하는 것도 역시 올바른 생각이 아니다.

세상이 이러하니, 난 더욱 안 된다고 생각하고 세상이 이 모양이니 노력할 필요가 없다고 쉽게 좌절하는 것 역시 올바르지 못한 것이다.

이렇듯 사람의 마음은 가장 낮은 모습에서 높은 모습으로의 한계를 수시로 넘나들며, 갈등하며, 상처를 주며, 자만하며, 경솔히 여기며 자신의 영혼을 소중히 여기지 못하는 것이다.

오직 속마음은 병들고 겉만 위장과 포장으로 장식되어가고 있는 현상을 낳고 있다.

나 역시 속마음은 교만과, 자만, 비교, 조롱, 경시, 한탄 등 어두움을 헤매는 마음으로 무용 실기에 약간의 우월함, 무지를 약간 모면한 그 우월감으로 동료들을 경홀히 보고 협력하지 못했으며, 이해하지도, 사랑하지도 못한 병든 마음으로 무용을 해온 것이다.

이제 좋은 춤을 추기 위하여 가장 중요한 자신의 영혼, 영적 상태 - 건강하고 밝으며 사랑이 넘치는 긍정적인-를 늘 훈련하며 많은 지식을, 실기를 쌓아나가야 할 것이다.

선교무용을 통한 무용 생활과 무용 교수로서 이론 강의를 하면서 지금 이 시간이 오기까지 온전함에 이르는 좋은 춤을 위한 견해를 가질 수 있음을 다행스럽게 생각한다.

병들고, 편협한, 건강하지 못한 영혼을 다스리며 모든 관객에게 다가갈 수 있는 건강한 무용인을, 건강한 춤을 양성해야 할 것이다.

박순자 교수 프로필

숙명여자대학교 무용과 교수
숙명여자대학교 평생교육원 선교무용반 교수
한국기독교무용학회 회장
한국무용예술학회 이사
한국무용교육학회 이사
사)Argon Dance Association(구, 한국선교무용예술원)대표

학력

숙명 여자 대학교 체육학과 졸(무용 전공)
숙명 여자 대학교 대학원 체육학과 졸(무용 전공)
중앙총회신학원대학교 M.Div과정 졸

경력

숙명여자 대학교 문과대 수석 졸업
서울시립 무용단 수석 역임
한국무용 아카데미 초대 회장 역임
한국 무용단 "설무리" 초대 회장 역임
서울 예술 전문 대학 강사 역임
인천 교육 대학 전임강사 역임
숙명여자 대학교 기독교 동문 선교회 총무, 부회장, 회장, 장학위원회장, 기도본부장 역임
CDF(Christian Dance Fellowship) Korea Conference 운영위원 역임
Western Michigan University 교환 교수
멕시코 Amallia Hernandes 무용학교 연구 교수 및 수료
New York University Special student 수료
Fort wayne Ballet Academy intensive course 수료
New York clark center 수료
L.A Dupree Dance Academy 수료

수상

제 5, 6회 대한민국 무용제 참가(5회 안무상 수상)
2009 문화예술선교대상-한국기독교총연합회 문화예술위원회
2011 시사투데이선정 올해의 신한국인 교육인 대상

논문

〈무용학관련〉
현대무용의 고찰(대학원 졸업 논문). 1976.
사회양상과 무용의 변천(원시편). 1981.
사회양상과 무용의 변천(고대편). 1981.
한국무용의 과학적 움직임의 도입. 1982.

한국 무용의 도약에 대한 연구. 1982.
창작 무용에 대한 고찰. 1986.
효과적 움직임을 위한 연구. 1989.
대학 교양체육의 분석을 통한 개선 안에 대한 고찰. 1985.
한국 무용사를 통한 여성무용가의 위치. 1992.

〈교육관련〉
한국여성의 평생교육과 무용의 관계. 1996.
무용교육에 있어서 선교의 필요성. 2000.
무용예술의 발전을 위한 대학무용교육의 방향 제시. 2013.

〈기독교 무용 관련〉
동·서양 무용사를 통한 여성무용가 출현의 사회적 배경과 영향. 2001.12
기독교적 관점에서의 무용치료의 가능성. 2003
크리스천댄스의 사적 고찰과 그 유형에 관한 연구. 2005
무용의 미적가치관 변화의 필요성. 2009
잠언의 분석과 기독무용인의 자세. 2012

저서
〈무용의 이론배경 및 실기관련〉
좋은 춤 추기, 박순자 저, 프레이즈. 2001. 2.
좋은 춤 만들기, 박순자 저, 프레이즈. 2001. 2.
21세기 기독교적 무용의 접근,　도서출판 금광. 2004. 3.
성서에 의한 무용창작의 완성과 조건, 스포츠북스. 2012. 2.

〈신앙서적〉
아름다운 춤, 성령의 춤, 프레이즈. 2001. 6